CW01337993

CAXTON
GERMAN
PHRASEBOOK

CAXTON EDITIONS

First published in Great Britain by
CAXTON EDITIONS
an imprint of
the Caxton Book Company Ltd
16 Connaught Street
Marble Arch
London W2 2AF

This edition copyright
© 1999 CAXTON EDITIONS

Prepared and designed
for Caxton Editions by
Superlaunch Limited
PO Box 207
Abingdon
Oxfordshire OX13 6TA

Consultant editor Claudia Kozeny

All rights reserved. No part of this publication
may be reproduced, stored in a retrieval system,
or transmitted in any form or by any means,
electronic, mechanical, photocopying, recording
or otherwise, without the prior permission in writing
of the copyright holder.

ISBN 1 84067 069 X

A copy of the CIP data for this book is available from
the British Library upon request

Printed and bound in India

SUMMARY CONTENTS

Know before you go
4

Travel
37

Accommodation
102

Banking and Shopping
125

Emergencies
158

Food and Entertainment
172

Further information
229

Where to find
237

PHONETICS AND PRONUNCIATION

Pronunciation is given in *italic type* and these phonetic spellings. They are intended as a broad outline only, which will be easy to remember. We have used ***bold italics*** to show stresses, and hyphens to separate the syllables for faster reading.

The *Rechtschreibreform* reformed spellings have yet to become universally adopted, and so we have used traditional spellings. However in Switzerland, and increasingly elsewhere, you may see *ss* used for *ß* and occasionally *f* for *ph*, or only two *f*s where you might expect three, for example in *Schifffart* (ship-cruise).

Vowels

a long, as in f*a*ther
e short, as in m*e*t
ee long, as in f*ee*l
i short, as in b*i*t
o short, as in h*o*t

oa full, as in b*oa*t
oe full, as in s*e*rpent
oo long, as in f*oo*l
u shorter and sharper than in pr*u*ne

Consonants

g hard, as in *g*as
kh as in Scottish lo*ch*
sh as in mea*s*ure
w full, as in fo*w*l

y long, as in *ey*e, for ai, ei etc in German
j short *y*, as in *y*es, for *j* in German (*ja*).

DAYS AND MONTHS

Monday, Tuesday, Wednesday
Montag, Dienstag, Mittwoch
moan-tag, deens-tag, mit-vokh

Thursday, Friday
Donnerstag, Freitag
don-ers-tag, fry-tag

Saturday, Sunday
Samstag, Sonntag
zams-tag, zon-tag

public holiday, day off
Feiertag, freier Tag
fy-er-tag, fry-er tag

January, February, March
Januar, Februar, März
ja-noo-ar, fe-broo-ar, merts

April, May, June
April, Mai, Juni
*a-**pril**, my, joo-nee*

July, August, September
Juli, August, September
*joo-lee, ow-**goost**, zep-**tem**-ber*

DAYS AND MONTHS

October, November, December
Oktober, November, Dezember
*ok-**toa**-ber, noa-**vem**-ber, de-**tsem**-ber*

today, tomorrow (afternoon)
heute, morgen (nachmittag)
***hoyt**-e, **mor**-gen (**nakh**-mit-ag)*

yesterday (morning), tonight
gestern (morgen), heute abend
***ges**-tern (**mor**-gen), **hoyt**-e a-bend*

(next) week, (last) month
(nächste) Woche, (letzten) Monat
*(**nekst**-e) **wo**-khe, (**lets**-ten) **mo**-nat*

a year ago
vor einem Jahr
*foar **yn**-em jar*

the day after tomorrow
übermorgen
***ew**-ber-mor-gen*

the next day
der tag danach
*der tag da-**nakh***

6

DATES

first, second, third, fourth, fifth
erster, zweiter, dritter, vierter, fünfter
***erst**-er, **tsvyt**-er, **drit**-er, **feert**-er, **fewnft**-er*

sixth, seventh, eighth, ninth
sechster, siebter, achter, neunter
***zeks**-ter, **zeeb**-ter, **akht**-er, **noyn**-ter*

tenth, eleventh, twelth, thirteenth
zehnter, elfter, zwölfter, dreizehnter
***tsayn**-ter, **elf**-ter, **tsvoelf**-ter, **dry**-tsayn-ter*

fourteenth, fifteenth, sixteenth
vierzehnter, fünfzehnter, sechzehnter
***feer**-tsayn-ter, **fewnf**-tsayn-ter, **zekh**-tsayn-ter*

seventeenth, eighteenth, nineteenth
siebzehnter, achtzehnter, neunzehnter
***zeeb**-tsayn-ter, **akht**-tsayn-ter, **noyn**-tsayn-ter*

twentieth, twenty-first
zwanzigster, einundzwanzigster
***tsvan**-tseekh-ster, **yn**-oont-tsvan-tseekh-ster*

twenty-second, twenty-third
zweiundzwanzigster, dreiundzwanzigster
***zvy**-oont-tsvan-tseekh-ster, **dry**-oont-tsvan-tseekh-ster*

DATES

twenty-fourth
vierundzwanzigster
feer-oont-tsvan-tseekh-ster

twenty-fifth
fünfundzwanzigster
fewnf-oont-tsvan-tseekh-ster

twenty-sixth
sechsundzwanzigster
zeks-oont-tsvan-tseekh-ster

twenty-seventh
siebenundzwanzigster
zeeben-oont-tsvan-tseekh-ster

twenty-eighth
achtundzwanzigster
akht-oont-tsvan-tseekh-ster

twenty-ninth
neunundzwanzigster
noyn-oont-tsvan-tseekh-ster

thirtieth, thirty-first
dreißigster, einunddreißigster
dry-seekh-ster, yn-oont-dry-seekh-ster

PUBLIC HOLIDAYS

1 January, New Year's Day
Neujahr
***noy**-jar*

Good Friday
Karfreitag
*kar-**fry**-tag*

Easter Monday
Ostermontag
***oa**-ster-moan-tag*

1 May, Labour Day
Tag der Arbeit
*tag der **ar**-byt*

Ascencion
Christi Himmelfahrt
***krist**-ee **him**-el-fart*

Whit (Sunday) / Monday
Pfingst(sonntag) / montag
*pfingst-(**soan**-tag)/ pfingst-**moan**-tag*

Corpus Christi
Fronleichnam
*fron-**lykh**-nam*

Public Holidays

Feast of the Assumption
Maria Himmelfahrt (Catholic)
*mar-**ee**-a **him**-el-fart*

3 October, Day of Unity
Tag der Deutschen Einheit
*tag der **doyt**-shen **yn**-hyt*

1 November, All Saints
Allerheiligen
*al er-**hy**-li-gen*

24 December, Christmas Eve
Heilig Abend
***hy**-lig **a**-bend*

25 December, Christmas Day
Erster Weihnachtsfeiertag
***er**-ster **vy**-nakhts-**fyer**-tag*

26 December, Boxing Day
Zweiter Weihnachtsfeiertag
***tsvy**-ter **vy**-nakhts-**fyer**-tag*

31 December, New Year's Eve
Silvester
*sil-**ves**-ter*

BE POLITE!

Excuse me, I'm sorry
Verzeihung, Entschuldigung
*fer-**tsy**-oong, ent-**shool**-deegoong*

Can you help me please?
Können Sie mir bitte helfen?
***koen**-en zee meer **bit**-e **hel**-fen*

May I get past?
Darf ich vorbeigehen?
*darf ikh for-**by**-gay-hen*

Yes, no (thank you)
Ja, nein (danke)
*ja, nyn (**dank**-e)*

I see (= understand)
Ich verstehe
*ikh fer-**shtay**-he*

I'd like, please, thank you
Ich möchte, bitte, danke
*ikh **moekht**-e, **bit**-e, **dank**-e*

I don't understand
Ich verstehe nicht
*ikh fer-**shtay**-he nikht*

11

BE POLITE!

Not at all, you're welcome (after thanks)
Aber nicht doch, bitte
*aber nikht dokh, **bit**-e*

It's (not important), nothing
Es ist (nicht wichtig), nichts
*es ist (nikht **wikh**-tig), nikhts*

It doesn't matter
Es macht nichts
es makht nikhts

Is it possible to ...? (= may I) **have**
Könnte ich ... haben?
***koen**-te ikh ... **ha**-ben*

OK, that's good, that's beautiful
Ok, das ist gut, das ist schön
ok, das ist goot, das ist schoen

Many thanks, that's OK
Vielen Dank, das ist OK
vee**-len dank, das ist oa-**key

Is everything all right?
Ist alles in Ordnung?
*ist **al**-es in **ord**-noong*

TIME

At what time is ...
Um wieviel Uhr ist ...
*oom **vee**-feel oor ist ...*

... the train for ..., the bus for ...
... Der Zug nach ..., der Bus nach ...
... der tsoog nakh ..., der boos nakh ...

Too (early), late, good enough
Zu (früh), spät, gut genug
*tsoo (frew), spet, goot ge-**noog***

I'd like to ...
Ich möchte gerne ...
*ikh **moekh**-te **ger**-ne ...*

... change the time of my booking
... meine Buchungszeit ändern
*... **my**-ne **boo**-khungs-tsyt **en**-dern*

Something earlier, later
Etwas früher, später
*et-vas **frew**-her, **spe**-ter*

That's fine
Das ist ausgezeichnet
*das ist owz-ge-**tsykh**-net*

TIME

Public holiday, Saturday, Sunday
Feiertag, Samstag, Sonntag
fy-er-tag, zams-tag, zon-tag

In the (morning), afternoon
Am (Morgen), Nachmittag
am (mor-gen), nakh-mi-tag

In the evening
Am Abend
am a-bend

Please hurry, I'm late
Bitte beeilen Sie sich, ich bin spät dran
bit-e be-y-len zee zikh, ikh bin spet dran

Breakfast, lunch, dinner
Frühstück, Mittagessen, Abendessen
frew-stewk, mit-ag-es-en, a-bend-es-en

Start, finish
Anfang, Ende
an-fang, end-e

Open, closed, leave, arrive
Offen, geschlossen, verlassen, ankommen
of-en, ge-shlos-en, fer-las-en, an-kom-en

TIME

one, two, three, four
eins, zwei, drei, vier
yns, tsvz, dry, feer

five, six, seven, eight
fünf, sechs, sieben, acht
*fewnf, zeks, **zee**-ben, akht*

nine, ten, eleven, twelve
neun, zehn, elf, zwölf
noyn, tsayn, elf, tsvoelf

... minutes past x
... Minuten nach x
*... mi-**noo**-ten nakh* x

... minutes to x
... Minuten vor x
*...mi-**noo**-ten for* x

a quarter to ..., (past), half-past x
Viertel vor..., (nach), halb x
***feer**-tel for.., (nakh), halb* x

Noon, midnight, hour(s)
Mittag, Mitternacht, Stunde(n)
***mit**-ag, **mit**-er-nakht, **shtun**-de(n)*

GREETINGS AND INTRODUCTIONS

Good morning ...
Guten Morgen ...
goo-ten mor-gen ...

... afternoon / evening
... Nachmittag / Abend
... *nakh-mit-ag / a-bend*

... night
... Nacht
... *nakht*

hello, (less formal) **hi**
Hallo, Hi
ha-lo, hy

My name is ..., what is your name?
Ich heisse..., Wie heissen Sie?
ikh hys-e..., vee hy-sen zee

How do you do (pleased to meet you)
Sehr erfreut
ser er-froyt

How are you?
Wie geht es Ihnen?
vee gayt es ee-nen

GREETINGS AND INTRODUCTIONS

Very well, thanks; and you?
Sehr gut, danke; und Ihnen?
*ser goot, **dank**-e; oont **ee**-nen*

This is my (colleague), male friend ...
Das ist mein (kollege), Freund ...
*das ist myn (ko-**lay**-ge), froynd ...*

... father, son, boyfriend
... Vater, Sohn, Freund
*... **fa**-ter, zoan, froynd*

... my husband, my wife
... mein Ehemann, meine Ehefrau
*... myn **ay**-he-man, **myn**-e **ay**-he-frow*

... my (daughter), mother
... meine (Tochter), Mutter
*... **myn**-e **(tokh**-ter), **moot**-er*

... female friend / girlfriend
... Freundin / Freundin
*... **froyn**-din / **froyn**-din*

May I introduce ...? (more formal)
Darf ich ... vorstellen?
*darf ikh ... **for**-shtel-en*

17

Greetings and Introductions

Goodbye (formal / informal)
Auf Wiedersehen! / Tschüs!
*owf **vee**-der-say-hen! / tshews*

See you (later) / soon
Bis (später) / bald
*bis (**spe**-ter) / bald*

Until next time
Bis nächstes Mal
*bis **nekh**-stes mal*

It's good to see you
Ich freue mich, Sie zu sehen
*ikh **froy**-e mikh, zee tsoo **say**-hen*

Sorry to have disturbed you
Entschuldigen Sie die Störung
*ent-**shool**-di-gen zee dee **shtoe**-roong*

Have a good holiday!
Schönen Urlaub!
***shoe**-nen **oor**-lowb*

Have a good trip!
Schöne Reise!
***shoe**-ne **ry**-ze*

18

How much and how to pay

How much is ... (this)?
Wieviel kostet ... (das)?
*vee-feel **kos**-tet ... (das)*

How much are ... (these)?
Wieviel kosten ... (diese)?
*vee-feel **kos**-ten ... (**dees**-e)*

I'd like to pay
Ich möchte zahlen
*ikh **moekht**-e **tsa**-len*

May I have the bill, please?
Kann ich bitte die Rechnung haben?
*kan ikh **bit**-e dee **rekh**-noong **ha**-ben*

Is everything included?
Ist alles inbegriffen?
*ist **al**-es **in**-be-**grif**-en*

Is (VAT) included?
Ist die Mehrwertsteuer inbegriffen?
*ist dee **mer**-wert-stoyer **in**-be-**grif**-en*

Is service included?
Ist der Service inbegriffen?
*ist der **soer**-viz **in**-be-**grif**-en*

HOW MUCH AND HOW TO PAY

Where do I pay?
Wo ist die Kasse?
*voa ist dee **kas**-e*

What is this amount for?
Wofür steht dieser Betrag?
vo**-fewr shtet **dee**-ser be-**trag

I do not have enough money
Ih habe nicht genug Geld
*ikh **ha**-be nikht ge-**noog** gelt*

I think ...
Ich glaube ...
*ikh **glow**-be ...*

Is it possible ...
Ist es möglich ...
*ist es **moe**-glikh ...*

... you've made a mistake (e.g. in the bill)
... Sie haben einen Fehler gemacht
*... zee **ha**-ben **y**-nen **fay**-ler ge-**makht***

... to pay by this credit card?
... mit dieser Kreditkarte zu zahlen?
*... mit **dee**-ser kre-**deet**-kar-te tsoo **tsa**-len*

HOW MUCH AND HOW TO PAY

Do you accept travellers' cheques?
Akzeptieren Sie Reiseschecks?
*ak-tsep-tee-ren zee **ry**-se-sheks*

I'd like a receipt, please
Ich hätte gerne eine Quittung, bitte
*ikh **he**-te **ger**-ne y-ne **kvi**-toong, **bit**-e*

Thank you, this is for you
Danke, das ist für Sie
***dank**-e, das ist fewr zee*

How much is the entrance fee?
Wieviel kostet der Eintritt?
***vee**-feel **kos**-tet der **yn**-trit*

Is there a reduction for ...?
Gibt es eine Ermässigung für ...?
*gipt es **y**-ne er-**may**-see-goong fewr ...*

... children, disabled, groups
... Kinder, Behinderte, Gruppen
... ***kin**-der, be-**hin**-dert-e, **groop**-en*

... pensioners, students
... Rentner, Studenten
... ***rent**-ner, stoo-**den**-ten*

COUNTING YOUR MONEY

> **Units of currency, their subdivisions**
>
> **Germany:** die Deutschmark, der Pfennig
> *dee **doytsh**-mark, der **pfen**-ig*
> **DM 1.95583 = 1 euro**
>
> **Austria:** der Schilling, der Groschen
> *der **shil**-ing, der **grosh**-en*
> **Sch 13.7603 = 1 euro**
>
> **Switzerland:** der Franke, der Rappen
> *der **frank**-e, der **rap**-en*

1, 2, 3, 4, 5, 6, 7
eins, zwei, drei, vier, fünf, sechs, sieben
*yns, tsvy, dry, feer, fewnf, zeks, **zee**-ben*

8, 9, 10, 11, 12, 13
acht, neun, zehn, elf, zwölf, dreizehn
*acht, noyn, tsayn, elf, tsvoelf, **dry**-tsayn*

14, 15, 16
vierzehn, fünfzehn, sechzehn
***feer**-tsayn, **fewnf**-tsayn, **zekh**-tsayn*

Counting Your Money

17, 18, 19, 20
siebzehn, achtzehn, neunzehn, zwanzig
zeeb-tsayn, akht-tsayn, noyn-tsayn, tsvan-tsig

21, 22
einundzwanzig, zweiundzwanzig
yn-oont-tsvan-tsig, tsvy-oont-tsvan-tsig

23, 24
dreiundzwanzig, vierundzwanzig
dry-oont-tsvan-tsig, feer-oont-tsvan-tsig

25, 26
fünfundzwanzig, sechsundzwanzig
fewnf-oont-tsvan-tsig, zeks-oont-tsvan-tsig

27, 28
siebenundzwanzig, achtundzwanzig
zee-ben-oont-tsvan-tsig, akht-oon-tsvant-sig

29, 30
neunundzwanzig, dreißig
noyn-oont-tsvan-tsig, dry-sig

31, 32
einunddreißig, zweiunddreißig
yn-oont-dry-sig, tsvy-oont-dry-sig

COUNTING YOUR MONEY

33, 34
dreiunddreißig, vierunddreißig
dry-oont-dry-sig, *feer*-oont-dry-sig

35, 36
fünfunddreißig, sechsunddreißig
fewnf-oont-dry-sig, *zeks*-oont-dry-sig

37, 38
siebenunddreißig, achtunddreißig
zee-ben-oont-dry-sig, *akht*-oont-dry-sig

39, 40
neununddreißig, vierzig
noyn-oont-dry-sig, *feer*-tsig

41, 42
einundvierzig, zweiundvierzig
yn-oont-feer-tsig, *tsvy*-oont-feer-tsig

43, 44
dreiundvierzig, vierundvierzig
dry-oont-feer-tsig, *feer*-oont-feer-tsig

45, 46
fünfundvierzig, sechsundvierzig
fewnf-oont-feer-tsig, *zeks*-oont-feer-tsig

COUNTING YOUR MONEY

47, 48
siebenundvierzig, achtundvierzig
zee-ben-oont-feer-tsig, *akht-oont-feer-tsig*

49, 50
neunundvierzig, fünfzig
noyn-oont-feer-tsig, *fewnf-tsig*

51, 52
einundfünfzig, zweiundfünfzig
yn-oont-fewnf-tsig, *tsvy-oont-fewnf-tsig*

53, 54
dreiundfünfzig, vierundfünfzig
dry-oont-fewnf-tsig, *feer-oont-fewnf-tsig*

55, 56
fünfundfünfzig, sechsundfünfzig
fewnf-oont-fewnf-tsig, *zeks-oont-fewnf-tsig*

57, 58
siebenundfünfzig, achtundfünfzig
zee-ben-oont-fewnf-tsig, *akht-oont-fewnf-tsig*

59, 60
neunundfünfzig, sechzig
noyn-oont-fewnf-tsig, *zekh-tsig*

COUNTING YOUR MONEY

61, 62
einundsechzig, zweiundsechzig
yn-oont-zekh-tsig, *tsvy-oont-zekh-tsig*

63, 64
dreiundsechzig, vierundsechzig
dry-oont-zekh-tsig, *feer-oont-zekh-tsig*

65, 66
fünfundsechzig, sechsundsechzig
fewnf-oont-zekh-tsig, *zekhs-oont-zekh-tsig*

67, 68
siebenundsechzig, achtundsechzig
zee-ben-oont-zekh-tsig, *akht-oont-zekh-tsig*

69, 70
neunundsechzig, siebzig
noyn-oont-zekh-tsig, *zeeb-tsig*

71, 72
einundsiebzig, zweiundsiebzig
yn-oont-zeeb-tsig, *tsvy-oont-zeeb-tsig*

73, 74
dreiundsiebzig, vierundsiebzig
dry-oont-zeeb-tsig, *feer-oont-zeeb-tsig*

COUNTING YOUR MONEY

75, 76
fünfundsiebzig, sechsundsiebzig
fewnf-oont-zeeb-tsig, *zeks-oont-zeeb-tsig*

77, 78
siebenundsiebzig, achtundsiebzig
zee-ben-oont-zeeb-tsig, *akht-oont-zeeb-tsig*

79, 80
neunundsiebzig, achtzig
neun-oont-zeeb-tsig, *akht-tsig*

81, 82
einundachtzig, zweiundachtzig
yn-oont-akht-tsig, *tsvy-oont-akht-tsig*

83, 84
dreiundachtzig, vierundachtzig
dry-oont-akht-tsig, *feer-oont-akht-tsig*

85, 86
fünfundachtzig, sechsundachtzig
fewnf-oont-akht-tsig, *zeks-oont-akht-tsig*

87, 88
siebenundachtzig, achtundachtzig
zeeben-oont-akhtzig, *akht-oont-akht-tsig*

COUNTING YOUR MONEY

89, 90
neunundachtzig, neunzig
***noyn**-oont-akht-tsig, **noyn**-tsig*

91, 92
einundneunzig, zweiundneunzig
***yn**-oont-noyn-tsig, **tsvy**-oont-noyn-tsig*

93, 94
dreiundneunzig, vierundneunzig
***dry**-oont-noyn-tsig, **feer**-oont-noyn-tsig*

95, 96
fünfundneunzig, sechsundneunzig
***fewnf**-oont-noyn-tsig, **zeks**-oont-noyn-tsig*

97, 98
siebenundneunzig, achtundneunzig
***zee**-ben-oont-noyn-tsig, **akht**-oont-noyn-tsig*

99, 100
neunundneunzig, hundert
***noyn**-oont-noyn-tsig, **hoon**-dert*

101
hundertundeins
***hoon**-dert-oont-yns*

COUNTING YOUR MONEY

199
hundertneunundneunzig
hoon-dert-noyn-oont-noyn-tsig

200, 300
zweihundert, dreihundert
tsvy-hoon-dert, *dry*-hoon-dert

800, 900
achthundert, neunhundert
akht-hoon-dert, *noyn*-hoon-dert

1000, 1.100
Tausend, Tausendeinhundert
tow-send, *tow*-send-*yn*-hoon-dert

2.000, 10.000
Zweitausend, Zehntausend
tsvy-tow-send, *tsayn*-tow-send

50.000, 100.000
Fünfzigtausend, Hunderttausend
fewnf-tsig-tow-send, *hoon*-dert-tow-send

1.000.000, 1.000.000.000
eine Million, eine Milliarde
y-ne mil-*yon*, *yn*-e mil-*jard*-e

MAKING IT CLEAR

I'm sorry, I don't speak German
Es tut mir leid, ich spreche kein Deutsch
*es toot meer lyd, ikh **shpre**-khe kyn **doytsh***

Is it possible to talk in English, please?
Können wir bitte auf Englisch sprechen?
***koen**-en weer **bi**-te owf **en**-glish **shpre**-khen*

I'm sorry, I don't understand
Es tut mir leid, ich verstehe nicht
*es toot mir lyt, ikh fer-**shtay**-he nikht*

Yes, that's clear (= I understand)
Ja, das verstehe ich
*ja, das fer-**shtay**-he ikh*

Can you repeat that more slowly?
Können Sie das langsamer wiederholen?
***koen**-en zee das **lang**-sa-mer vee-der-**ho**-len*

Could you write that down for me, please?
Könnten Sie das bitte für mich aufschreiben?
***koen**-ten zee das **bit-e** fewr mikh **owf**-shry-ben*

Do you understand (me)?
Verstehen Sie (mich)?
*fer-**shtay**-hen zee (mikh)*

Making it clear

Just a moment
Einen Augenblick / Moment
y-nen ow-gen-***blik*** / mo-***ment***

Where? Why? When?
Wo? Warum? Wann?
*voa? va-**room**? van*

Which (masc, fem / pl, neut)**? How much?**
Welcher/ Welche / Welches? Wieviel?
vel*-kher / **velkh**-e / **vel**-khes? **vee**-feel*

No problem
Kein Problem
*kyn pro-**blaym***

What's wrong? What is this?
Was ist los? Was ist das?
vas ist los, vas ist das

I am from the UK
Ich komme aus Großbritannien
*ikh **kom**-e ows gros-bri-**tan**-yen*

Do you mind if I ...?
Macht es Ihnen etwas aus, Wenn ich ...?
*makht es **ee**-nen **et**-vas ows, ven ikh ...*

USING THE PHONE

> Telephone cards (Telefonkarten) are for sale in every post office, for either DM 12 or DM 50. There are now more public card phones (Kartentelefone) than public coin phones (Münztelefone) in Germany, so it is a good idea to buy a card, although it is also possible to use credit-cards in card-phones.

Where is the telephone (box)
Wo ist das Telefon (die Telefonzelle)?
*vo ist das tay-le-**fon** (dee tay-le-**fon**-tsel-e)*

I'd like ... a telephone card, please
Ich hätte gerne eine Telefonkarte, bitte
*ikh **het**-e **gern**-e **yn**-e tay-lay-**fon**-kar-te, **bit**-e*

... some telephone cards, please
... einige Telefonkarten, bitte
*... **y**-ni-ge tay-lay-**fon**-kar-ten, **bit**-e*

Can I telephone from here?
Kann ich von hier aus telefonieren?
*kan ikh fon heer ows tay-le-fo-**neer**-en*

USING THE PHONE

Can you give me the code...
Können Sie mir bitte die Vorwahl (geben...)
*koe-nen zee meer **bit**-e dee **for**-val (**gay**-ben...)*

I'd like a person-to-person call ...
Ich möchte ein Einzelgespräch ...
*ikh **moekht**-e yn **yn**-tsel-ge-shpraykh ...*

I'd like a reversed-charge call ...
Ich möchte gerne ein R-Gespräch ...
*ikh **moekht**-e **gern**-e y-n er ge-**shpraykh** ...*

... (for America) please?
... (für Amerika) geben?
*... (fewr A-**me**-ri-ka) **gay**-ben*

... to England ... New Zealand
... nach England ... Neuseeland
*... nakh **eng**-land ... noy-**zay**-land*

How do I get the...?
Wie kann ich die verreichen...?
*vee kan ikh dee ver-**ry**-khen...*

... international operator
... internationale Vermittlung
*... **in**-ter-na-tszyo-**na**-le fer-**mit**-loong*

33

USING THE PHONE

Hello, this is ... speaking
Hallo, hier spricht ...
ha-lo, heer shprikht ...

I'd like to speak to ...
Ich möchte gerne mit ... sprechen
*ikh **moekht**-e **ger**-ne mit ... **shpre**-khen*

*er (zee) ist **mo**-men-tan nikht da*
Er (sie) ist momentan nicht da
He (she) is out at the moment

*dee **ly**-toong ist be-**setst***
Die Leitung ist besetzt
The line is engaged

*es komt **kyn**-e **ant**-vort*
Es kommt keine Antwort
There's no answer

Please will you give him (her) a message?
Würden Sie ihm / ihr bitte etwas ausrichten?
***vewr**-den zee eem/eer **bi**-te **et**-vas **ows**-rikh-ten*

When can I call back?
Wann kann ich zurückrufen?
*van kan ikh tsu-**rewk**-roo-fen*

USING THE PHONE

*da ist yn **an**-roof fewr zee*
Da ist ein Anruf für Sie
There's a phone call for you

***bly**-ben zee dran, **bit**-e*
Bleiben Sie dran, bitte
Hold the line

I'll hold on
Ich bleibe dran
*ikh **blyb**-e dran*

Speak louder, please
Sprechen Sie lauter, bitte
***shpre**-khen zee **low**-ter, **bit**-e*

Speak more slowly, please
Sprechen Sie langsamer, bitte
***shpre**-khen zee **lang**-sa-mer, **bit**-e*

You have the wrong number
Sie haben sich verwählt
*zee **ha**-ben sikh fer-**vaylt***

The phone is not working
Das Telefon funktioniert nicht
*das **tay**-le-fon foonk-tsyo-**neert** nikht*

SPELL IT OUT

a, b, c, d
Anton, Berta, Cäsar, Dora
an-ton, *bayr*-ta, *tsay*-sar, *do*-ra

e, f, g, h
Emil, Friedrich, Gustav, Heinrich
ay-mil, *free*-drikh, *goos*-taf, *hyn*-rikh

i, j, k, l
Ida, Johann, Konrad, Ludwig
ee-da, *jo*-han, *kon*-rad, *lood*-vik

m, n, o, p
Martha, Norbert, Otto, Peter
mar-ta, *nor*-bayrt, *o*-to, *pay*-tayr

q, r, s, t
Quelle, Rudolf, Siegfried, Theodor
kvel-e, *roo*-dolf, *seeg*-freed, *tay*-o-dor

u, v, w
Ulrich, Viktor, Wilhelm
ool-rikh, *fik*-tor, *Vil*-haylm

x, y, z
Xaver, Ypsilon, Zeppelin
ksa-fayr, *ip*-si-lon, *tse*-pe-lin

AT THE AIRPORT

Where's the (Lufthansa) office?
Wo ist das (Lufthansa)büro, bitte?
*vo ist das **looft**-han-sa-bew-**ro**, **bit**-e*

I have missed my connection
Ich habe meinen Anschluß verpasst
*ikh **hab**-e **my**-nen **an**-shloos fer-**past***

When does the next plane leave for ...?
Wann geht das nächste Flugzeug nach ...?
*van gayt das **ne**-kste **floog**-tsoyg nakh ...*

When does it arrive?
Wann kommt es an?
van komt es an

How long is it delayed?
Wieviel Verspätung hat es?
***vee**-feel fer-**shpe**-toong hat es*

I'd like to book a seat
Ich möchte gerne einen Sitzplatz buchen
*ikh **moekht**-e **gern**-e **y**-nen **sits**-plats **boo**-khen*

I have lost my ticket
Ich habe mein Ticket verloren
*ikh **hab**-e myn **tik**-et fer-**loa**-ren*

AT THE AIRPORT

I have lost my bag
Ich habe meine Tasche verloren
*ikh **hab**-e **my**n-e **tash**-e fer-**loa**-ren*

My luggage has not arrived ...
Mein Gepäck ist nicht angekommen ...
*myn ge-**pek** ist nikht **an**-ge-kom-en ...*

It is a ... (large), small suitcase
Es ist ein ... (großer) kleiner koffer
*es ist yn ... (**groa**-ser) klyn-er **kof**-er*

... a rucksack *(see page 137 for colours)*
... ein Rucksack
*... yn **rook**-sak*

... this is my ticket
... das ist mein Ticket
*... das ist myn **ti**-ket*

Please deliver it to my hotel ...
Bitte bringen Sie es in mein Hotel ...
***bi**-te **brin**-gen zee es in myn ho-**tel** ...*

... immediately it arrives
... es wird sofort ankommen
*... es vird so-**fort an**-kom-en*

AT THE AIRPORT

Here is my passport
Hier ist mein Reisepaß
heer ist myn rys-e-pas

Is there a left luggage office?
Gibt es eine Gepäckaufbewahrungsstelle?
*gipt es **yn**-e ge-**pek**-owf-be-**va**-roongs-**shtel**-e*

Where are the baggage trolleys?
Wo sind die Gepäckwagen?
*voa sind dee ge-**pek**-**va**-gen*

This package is fragile
Dieses Paket ist zerbrechlich
***dee**-ses pa-**ket** ist tser-**brekh**-likh*

I will carry it myself
Ich werde es selbst tragen
*ikh **verd**-e es selpst **tra**-gen*

I have nothing to declare
Ich habe nichts zu verzollen
*ikh **hab**-e nikhts tsoo fer-**tsol**-en*

I have to declare these
Ich möchte diese Waren verzollen
*ikh **moekht**-e **dees**-e **va**-ren fer-**tsol**-en*

39

AT THE AIRPORT

How much do I have to pay?
Wieviel muß ich zahlen?
***vee**-feel moos ikh **tsa**-len*

I am on holiday (business)
Ich bin im Urlaub (auf Geschäftsreise)
*ikh bin im **oor**-lowb (owf ge-**shefts**-ry-se)*

I am here for a few days
Ich bin für ein paar Tage hier
*ikh bin fewr yn par **tag**-e heer*

We are visiting friends
Wir besuchen Freunde
*veer be-**sookh**-en-en **froynd**-e*

Where can I exchange money?
Wo kann ich Geld wechseln?
*voa kan ikh gelt **vek**-seln*

Is there a courtesy bus to the hotel?
Gibt es einen Bustransfer zum Hotel?
*gipt es **y**-nen **boos**-trans-fayr tsoom ho-**tel***

Is there a bus to the town?
Gibt es einen Bus, der zur Stadt fährt?
*gipt es **y**-nen boos, der tsoor shtat fayrt*

GOING BY BOAT

> In some areas of Germany, you can enjoy river cruises, for example on the Rhine (der Rhein) to see the Lorelei, or you can travel to Switzerland via Lake Boden (Bodensee).

Is there a boat to ...?
Gibt es ein Boot nach ...?
gipt es yn bot nakh ...

How long does it take to ...?
Wie lange braucht es bis ...?
*vee **lan**-ge **browkht** es bis ...*

At which ports do we stop?
An welchen Häfen halten wir?
*an **vel**-khen **hay**-fen **hal**-ten veer*

I'd like to take a cruise
Ich möchte gerne eine Kreuzfahrt machen
*ikh **moekht**-e **gern**-e **yn**-e **kroyts**-fart **ma**-khen*

I'd like a single (double) berth
Ich hätte gerne eine Einzel(Doppel) koje
*ikh **het**-e **gern**-e **yn**-e **yn**-tsel (**dop**-el) **ko**-je*

GOING BY BOAT

May I have a timetable, please?
Könnte ich bitte einen Zeitplan haben?
koen-te ikh bi-te y-nen tsyt-plan ha-ben

How much does it cost?
Wieviel kostet es?
vee-feel kos-tet es

Are there special prices for ... (*see page 21*)
Gibt es Ermässigungen für...
gipt es er-may-si-goong-en fewr...

Are refreshments available on board?
Gibt es Erfrischungen an Bord?
gipt es er-frish-oong-en an bord

Are there any guided tours?
Gibt es Führungen?
gipt es few-roon-gen

Two tickets, please
Zwei Karten, bitte
tsvy kar-ten, bit-e

How long is this ticket valid?
Wie lange ist dieses Ticket gültig?
vee lan-ge ist dee-ses ti-ket gewl-tig

GOING BY BOAT

Where's the embarkation point?
Wo ist der Anlegeplatz?
*voa ist der **an**-layg-e-plats*

When does the next boat leave?
Wann legt das nächste Boot ab?
*van lekt das **ne**-kste bot ab*

How often do ... (the boats) ... leave?
Wie oft gehen die Boote?
*vee oft **ge**-hen dee **bo**-te*

... the car ferry ...
... die Autofähre ...
*... dee **ow**-to-fe-re ...*

How many berths in this cabin?
Wie viele Kojen sind in dieser Kabine?
*vee **fee**-le **ko**-jen sind in **dee**-ser ka-**bee**-ne*

Where are the toilets?
Wo sind die Toiletten?
*vo sind dee toy-**let**-en*

How long do we stay in port?
Wie lang liegen wir im Hafen?
*vee lang **lee**-gen veer im **ha**-fen*

CAR BREAKDOWNS

Excuse me, my car has broken down
Entschuldigung, mein Auto hat eine Panne
*ent-**shool**-di-goong, myn **ow**-to hat y-ne **pan**-e*

May I use your phone?
Darf ich Ihr Telefon benutzen?
*darf ikh eer **tay**-lay-fon be-**noots**-en*

Can you tell me ...?
Können Sie mir ... geben?
***koen**-en zee mir ... **ge**-ben*

... where's the nearest garage
... wo ist die nächste Werkstatt ...
*... vo ist dee **ne**-kste **verk**-stat ...*

... the motorway rescue number
... die Nummer der Autobahnmeisterei ...
*... dee **noo**-mer der **ow**-to-ban-my-ster-**y** ...*

Please write it down
Bitte schreiben Sie es auf
***bi**-te **shry**-ben zee es owf*

I've had a breakdown at ...
Ich habe eine Panne an ...
*ikh **ha**-be y-ne **pan**-e an ...*

CAR BREAKDOWNS

Can you send a mechanic?
Können Sie einen Mechaniker schicken?
koen-en zee y-nen me-kha-ni-ker shik-en

Can you send a tow truck?
Können Sie einen Abschleppdienst schicken?
koen-en zee y-nen ab-shlep-deenst shik-en

I've run out of petrol
Mir ist das Benzin ausgegangen
meer ist das ben-tsin ows-ge-gang-en

The engine is overheating
Der Motor ist überhitzt
der mo-tor ist ew-ber-hitst

The fan belt has broken
Der Keilriemen ist gerissen
der kyl-ree-men ist ge-ris-en

It will not start
Es will nicht anspringen
es vil nikht an-shpring-en

The tyre is flat
Der Reifen ist platt
der ry-fen ist plat

CAR BREAKDOWNS

I need a new fan belt
Ich brauche einen neuen Keilriemen
*ikh **browkh**-e **yn**-en **noy**-en **kyl**-ree-men*

The exhaust pipe has fallen off
Der Auspuff ist abgefallen
*der **ows**-poof ist **ab**-ge-**fal**-en*

My windscreen has cracked
Meine Windschutzscheibe ist gesprungen
***myn**-e **vint**-shoots-**shyb**-e ist ge-**shproong**-en*

How long will you be?
Wie lange werden Sie brauchen?
*vee **lang**-e **ver**-den zee **brow**-khen*

When will it be ready?
Wann wird es fertig sein?
*van vird es **fer**-tig syn*

How much will it cost?
Wieviel wird es kosten?
***vee**-feel vird es **kost**-en*

There is something wrong with ...
Etwas stimmt nicht mit ...
etvas stimt nikht mit ...

CAR TERMS

accelerator
das Gaspedal
*das gas-pay-**dal***

aerial
die Antenne
*dee an-**ten**-e*

air filter
der Luftfilter
*der **looft**-fil-ter*

alternator
der Drehstromgenerator
*der **dray**-strom-gay-ne-**ra**-tor*

anti-freeze
das Frostschutzmittel
*das **frost**-shoots-**mit**-el*

automatic gearbox
die Automatikschaltung
*dee ow-to-**ma**-tik-**shal**-toong*

axle
die Achse
*dee **aks**-e*

CAR TERMS

back seat(s)
der (die) Rücksitz(e)
*der **rewk**-sits-(e)*

battery
die Batterie
*dee bat-er-**ee***

bonnet
die Kühlerhaube
*dee **kew**-ler-**howb**-e*

boot
der Kofferraum
*der **kof**-er-rowm*

brake fluid
die Bremsflüssigkeit
*dee **bremz**-flew-sikh-**kyt***

brake light
das Bremsleuchte
*das **bremsz**-loykht-e*

brake pedal
das Bremspedal
*das **bremsz**-pay-**dal***

CAR TERMS

brakes
die Bremse
*dee **brem**-ze*

brake shoe
der Bremsshuhe
*der **bremsz-shoo**-h-e*

bulb
die Glühbirne
*dee **glew**-birn-e*

bumper
die Stoßstange
*dee **shtos**-stang-e*

car-phone
das Autotelefon
*das **ow**-to-tay-le-**foan***

carburettor
der Vergaser
*der fer-**ga**-ser*

child seat
der Kindersitz
*der **kin**-der-sits*

CAR TERMS

choke (automatic)
die Startautomatik
*dee **shtart**-ow-to-**mat**-ik*

clutch
die Kupplung
*dee **koop**-loong*

cooling system
die Kühlung
*dee **kew**-loong*

cylinder
der Zylinder
*der tsi-**lin**-der*

disc brake
die Scheibenbremse
*dee **shy**-ben-**brems**-e*

distributor
der Verteiler
*der fer-**ty**-ler*

door
die Tür
dee tewr

CAR TERMS

dynamo
die Lichtmaschine
*dee likht-ma-**sheen**-e*

electrical system
das Stromkabel
*das shtroam-**ka**-behl*

engine
der Motor
*der **moa**-tor*

exhaust system
die Auspuffanlage
*dee ows-**poof**-an-**lag**-e*

fan belt
der Keilriemen
*der **kyl**-ree-men*

fog lights
die Nebelscheinwerfer
*dee **nay**-bel-shyn-ver-fer*

foot pump
die Fußpumpe
*dee **foos**-poomp-e*

CAR TERMS

four-wheel drive
der Vierradantrieb
*der feer-ad-**ant**-ribe*

fuel gauge
die Benzinanzeige
*dee ben-**tseen**-an-**tsyg**-e*

fuel injection
die Benzineinspritzdüse
*dee ben-tsin-**yn**-sprits-**dews**-e*

fuel pump
die Benzinpumpe
*dee ben-**tseen**-**poomp**-e*

fuse
die Sicherung
*dee **zikh**-er-oong*

gear box
die Gangschaltung
*dee **gang**-shal-toong*

gear lever
der Gangschaltungshebel
*der **gang**-shal-toongs-**hay**-bel*

CAR TERMS

generator
der Generator
*der gay-nay-**ra**-tor*

hammer
der Hammer
*der **ham**-er*

hand brake
die Handbremse
*dee **hant**-brems-e*

hazard lights
die Warnblinkanlage
*dee **varn**-blink-an-**lag**-e*

headlight(s)
der (die) Scheinwerfer(s)
*der **shyn**-ver-fer(s)*

heating system
die Heizungssystem
*dee **hy**-tsoongs-sis-**tem***

horn
die Hupe
*dee **hoop**-e*

CAR TERMS

hose
der Schlauch
der shlowkh

ignition
die Zündung
*dee **tsewn**-doong*

ignition key
der Zündschlüssel
*der **tsewnd**-shlews-el*

indicator
der Blinker
*der **blin**-ker*

jack
der Wagenheber
*der **va**-gen-**hay**-ber*

lights
die Leuchten
*dee **loykh**-ten*

lock
das Schloß
das shlos

CAR TERMS

oil filter
der Ölfilter
*der oel-**fil**-ter*

oil (pressure)
der Öl (stand)
der oel (shtant)

petrol
das Benzin
*das ben-**tseen***

points
die Anschlüsse
*dee **an**-shlews-e*

pump
die Pumpe
*dee **poomp**-e*

radiator
der Kühler
*der **kew**-ler*

rear-view mirror
das Innenspiegel
*das **in**-en-**shpee**-gel*

CAR TERMS

reflector(s)
das (die) Reflektor(en)
*das re-flek-**toa**-r(en)*

reversing light
das Rücklichter
*das **rewk**-likh-ter*

roof-rack
der Dachgepäckträger
*der **dakh**-ge-**pek**-**tray**-ger*

screwdriver
der Schraubenzieher
*der **shrow**-ben-**tsee**-her*

seat belt
der Sicherheitsgurt
*der **sikh**-er-hyts-**goort***

shock absorber
der Stoßdämpfer
*der **shtoas**-dempf-er*

silencer
der Schalldämpfer
*der **shal**-dempf-er*

CAR TERMS

socket set
das Steckschlüsselset
*das **shtek**-shlews-el-**set***

spanner
der Schraubenschlüssel
*der **shrow**-ben-**shlews**-el*

spare part
das Ersatzteil
*das er-**zats**-tyl*

spark plug
die Zündkerze
*dee **tsewnd**-kerts-e*

speedometer
die Geschwindigkeitsmesser
*dee ge-**shvin**-dikh-kyts-**mes**-er*

starter motor
der Anlasser
*der **an**-las-er*

steering
die Lenkung
*dee **len**-koong*

Car terms

steering wheel
das Lenkrad
*das **lenk**-rat*

sun roof
das Schiebedach
*das **sheeb**-e-dakh*

suspension
die Federung
*dee **fay**-der-oong*

tool(s)
das (die) Werkzeug(e)
*das **verk**-tsoyg(-e)*

towbar
die Abschleppstange
*dee **ap**-shlep-**shtang**-e*

transmission
das Getriebe
*das ge-**treeb**-e*

tyre
der Reifen
*der **ry**-fen*

CAR TERMS

tyre pressure
der Reifendruck
*der **ry**-fen-**drook***

warning light
die Warnleuchte
*dee **varn**-loykht-e*

water
das Wasser
*das **vas**-er*

wheel
das Rad
das rat

windscreen
die Windschutzscheibe
*dee **wind**-shoots-**shyb**-e*

windscreen wiper
der Scheibenwischer
*der **shy**-ben-**vish**-er*

wing mirror
der Außenspiegel
*der **ow**-sen-**shpee**-gel*

ROAD SIGNS

EINBAHNSTRAßE
One-way

FUßGÄNGERZONE
Pedestrian area

GEFAHR
Danger

GESCHLOSSEN
Closed

LANGSAM FAHREN
Reduce speed

NOTPARKPLATZ
Emergency parking

PARKSCHEIBENPFLICHT
Parking disc required

> To park in Germany, you usually need either a parking disc (die Parkscheibe) or a parking ticket (Parkschein), which you can buy at a ticket-machine near the parking-spaces.

ROAD SIGNS

RECHTS (LINKS) FAHREN
Keep right (left)

STAU
Traffic jam

STEINSCHLAGGEFAHR
Falling rocks

STOPP
Stop

STRAßENARBEITEN
Road works

UMLEITUNG
Diversion

**VOR EINFAHRT IN DEN TUNNEL
SCHEINWERFER EINSCHALTEN**
Switch on headlights before entering tunnel

WARTUNG
Service area

ZOLL
Customs

CAR HIRE

I'd like to hire a (small) car
Ich möchte gerne ein (kleines) Auto mieten
*ikh **moekht**-e **gern**-e yn (**kly**-nes) **ow**-to **meet**-en*

medium-sized, large, automatic
mittelgroß, groß, Automatik
***mit**-el-gros, gros, ow-to-**ma**-tik*

I'd like it for a ... (day) week
Ich hätte es gerne für (einen Tag) eine Woche
*ikh **het**-e es **gern**-e fewr (**y**-nen tag) **y**-ne **vokh**-e*

... two, three, four
... zwei, drei, vier
... tsvy, dry, feer

... five, six, weekend
... fünf, sechs, Wochenende
*... fewnf, zeks, **vokh**-en-**en**-de*

Are there special weekend arrangements?
Gibt es besondere Wochenendvereinbarungen?
*gipt es be-**son**-de-re **vokh**-en-end-fayr-**yn**-ba-roong-en*

CAR HIRE

I'd like to hire it here ...
Ich möchte es hier mieten ...
*ikh **moekht**-e es heer **meet**-en ...*

... and leave it in (Cologne)
... und dann in (Köln) lassen
*... oont dan in (koeln) **las**-en*

What's the charge per day (week)?
Wie hoch ist die Gebühr pro Tag (Woche)?
*vee hokh ist dee ge-**bewr** pro tak (**vokh**-e)*

What's the deposit?
Wie hoch ist die Anzahlung?
*vee hokh ist dee **an**-tsa-loong*

... kilometres (mileage) included?
... inklusive Kilometerstand?
*... in-kloo-**seef**-e ki-lo-**may**-ter-stand*

I would like a spare set of keys
Ich hätte gerne Ersatzschlüssel
*ikh **het**-e **gern**-e er-**sats**-shlew-sel*

How does the steering lock work?
Wie funktioniert das Lenkradschloß?
*vee foon-ktsyo-**neert** das-**lenk**-rat-shlos*

CAR HIRE

(I want) full insurance
(Ich möchte) Vollkasko
*(ikh **moekht**-e) **fol**-kas-ko*

Here's my (driving licence) ...
Hier ist mein (Führerschein) ...
*heer ist myn (**few**-rayr-shyn) ...*

... passport, home address ...
... Reisepaß, Heimatadresse ...
*... **ry**-se-pas, **hy**-mat-ad-**rays**-e ...*

What petrol does it take?
Welches Benzin braucht es?
***vel**-khes ben-**tseen** browkht es*

Where is the tool kit?
Wo ist der Werkzeugkasten?
*voa ist der **verk**-tsoyg-**kas**-ten*

Please show me how ...
Bitte zeigen Sie mir, wie ...
***bit**-e **tsy**-gen zee meer, vee ...*

... to operate the lights
... die Scheinwerfer bedient werden
*... dee **shyn**-verf-er be-**deent ver**-den*

CAR HIRE

Can I take it across the ... border?
Kann ich es über die ... Grenze bringen?
*kan ikh es **ew**-ber dee ... **gren**-tse **bring**-en*

... Belgium, Belgian ...
... Belgien, belgisch ...
*... **bel**-gy-en, **bel**-gish ...*

... France, French ...
... Frankreich, französisch ...
*... **frank**-rykh, fran-**tsoe**-sish ...*

... Holland, Dutch ...
... Holland, holländisch ...
*... **hol**-and, **hol**-len-dish ...*

... Poland, Polish ...
... Polen, polnisch ...
*... **po**-len, **pol**-nish ...*

... Austria, Austrian ...
... Österreich, österreichisch ...
*... **oe**-ster-rykh, **oe**-ster-rykh-ish ...*

... Switzerland, Swiss ...
... Schweiz, schweizerisch ...
*... shvyz, **shvyz**-er-ish ...*

CATCHING A BUS

> Generally, you can buy family tickets, tickets for children over 12, group tickets and special tickets on which you can travel cheaply for 1 to 3 days, on buses, trams and some trains. Pets and toddlers usually travel free.

Where is (the bus / coach station)?
Wo ist (der Busbahnhof)?
*voa ist (der **boos**-ban-hoaf)*

... the bus / coach stop for ...?
... die Bushaltestelle nach ...?
*... dee **boos**-hal-te-**stel**-e nakh ...*

Where is the ticket office?
Wo ist der Fahrkartenschalter?
*voa ist der **far**-kart-en-**shal**-ter*

Do you have a map ...?
Haben Sie eine Karte ...?
***hab**-en zee **yn**-e kar-te ...*

... please show me (where we are)
... bitte zeigen Sie mir (wo wir sind)
*... **bit**-e **tsy**-gen zee mir (vo veer sind)*

CATCHING A BUS

How far is it to ...?
Wie weit ist es nach ...?
vee vyt ist es nakh ...

Where does the bus / coach go from?
Von wo aus fährt der Bus?
fon vo ows fayrt der boos

Have you a timetable, please?
Haben Sie einen Fahrplan, bitte?
***hab**-en zee **yn**-en **far**-plan, **bit**-e*

How much is the fare?
Wie viel kostet die Fahrt?
*vee feel **kost**-et dee fart*

Is there a reduction for ...? (*see page 21*)
Gibt es eine Ermäßigung für ...?
*gipt es **yn**-e er-**may**-sig-**oong** fewr ...*

I'd like a (single) ...
Ich hätte gerne eine Einzelfahrkarte ...
*ikh **het**-e **gern**-e **yn**-e **yn**-tsel-**far**-kar-te ...*

... return, booklet
... eine Rundfahrkarte, eine Streifenkarte ...
***yn**-e **roont**-far-**kart**-e, **yn**-e **shtry**-fen-kart-e*

Catching a Bus

For how long is this ticket valid?
Wie lange ist dieser Fahrschein gültig?
*vee **lang**-e ist **dees**-er **far**-shyn **gewl**-tig*

Does this bus go to (the zoo) ...?
Fährt dieser Bus zum (zoo) ...?
*fayrt **dee**-ser boos tsoom (tsoa) ...*

Does this bus / coach stop at ...?
Hält dieser Bus bei ...?
*helt **dees**-er boos by ...*

How long does it take ...?
Wie lange braucht man ...?
*vee **lang**-e browkht man ...*

... to get there from here
... um von hier dorthin zu kommen
*... oom von heer dort-**hin** tsu **kom**-en*

Could you tell me ...?
Könnten Sie mir bitte sagen ...?
***koent**-en zee mir **bit**-e **sag**-en ...*

... when to get off
... wann ich aussteigen muß
*... van ikh **ows**-styg-en mus*

CATCHING A BUS

What time is the last bus / coach from (to) ...?
Wann geht der letzte Bus von (nach) ...?
*van get der **let**-ste boos fon (nakh) ...*

Can I pay the driver?
Kann ich beim Fahrer zahlen?
*kan ikh bym **far**-er **tsal**-en*

At what time is the next bus / coach to ...?
Wann geht der nächste Bus nach ...?
*van gayt der **ne**-kste boos nakh ...*

Does the bus / coach call at ... hotel?
Hält der Bus am ... Hotel?
*helt der boos am ... ho-**tel***

We want to make a city sightseeing tour
Wir möchten eine Stadtrundfahrt machen
*veer **moekht**-en **yn**-e **stat**-roont-fart **makh**-en*

Are there organised tours?
Gibt es organisierte Rundfahrten?
*geept es **or**-gan-ee-**seert**-e **roont**-fart-en*

*der boos nakh ... helt da **drew**-ben*
Der Bus nach ... hält da drüben
The bus to ... stops over there

CATCHING A BUS

*zee **mews**-en **yn**-e **num**-er **nem**-en ...*
Sie müssen eine Nummer nehmen ...
You must take a number ...

*dee **boos**-e **far**-en **al**-e (tsen) mee-**noot**-en*
Die Busse fahren alle (zehn) Minuten
The buses run every (ten) minutes

The driver
der Fahrer
*der **fa**-rer*

The platform
der Bahnsteig
*der **ban**-shtyg*

The terminus
die Endstation
*dee **ent**-shta-tsyon*

BUSHALTESTELLE
***boos**-halt-e-**shtel**-e*
Regular bus stop

BEDARFSHALTESTELLE
*be-**darfs**-halt-e-**stel**-e*
Stops on request

GOING BY TAXI

Where can I get (a taxi) ...?
Wo kann ich (ein Taxi) bekommen ...?
*voa kan ikh (yn **ta**-ksi) be-**kom**-en ...*

Please get me a taxi
Bitte rufen Sie mir ein Taxi
***bit**-e **roof**-en zee mir yn **ta**-ksi*

Are you free?
Sind Sie frei?
zind zee fry

I'm in a hurry
Ich bin in Eile
*ikh bin in **yl**-e*

What's the fare to ...?
Wieviel kostet die Fahrt nach ...?
***vee**-feel **kost**-et dee fart nakh ...*

How far is it to ...?
Wie weit ist es bis nach ...?
vee vyt ist es bis nakh ...

Take me to ...
Bringen Sie mich nach ...
***bring**-en zee mikh nakh ...*

GOING BY TAXI

... to this address
... zu dieser Adresse
... *zu **dees**-er ad-**res**-e*

... the (international) airport
... zum (internationalen) Flughafen
... *tsoom (**in**-tayr-nats-yo-**nal**-en) **floog**-haf-en*

... the centre of the town
... zum Stadtzentrum
... *tsoom **stat**-tsen-troom*

... the railway station
... zum Bahnhof
... *tsoom **ban**-hoaf*

... bus to ..., train to ...
... der Bus nach ... der Zug nach ...
... *der boos nakh ... der tsoog nakh ...*

Please hurry, I'm late
Bitte beellen Sie sich, ich bin spät dran
***bit**-e be-**yl**-en zee sikh, ikh bin shpayt dran*

Please stop at the corner
Bitte halten Sie an der Ecke
***bit**-e **hal**-ten zee an der **ek**-e*

GOING BY TAXI

Could you wait for me?
Könnten Sie bitte auf mich warten?
koent-en zee bit-e owf mikh vart-en

I'll be back in ... minutes
Ich werde in ... Minuten zurück sein
ikh verd-e in ... mee-noot-en tsoo-rewk syn

5, 10, 15, 20
fünf, zehn, fünfzehn, zwanzig
fewnf, tsayn, fewnf-tsayn, tsvan-tsig

Please could you help me ...?
Könnten Sie mir bitte helfen ...?
koent-en zee mir bit-e helf-en ...

... to carry my luggage
... mein Gepäck zu tragen
...myn ge-pek tsoo trag-en

How much is that?
Wieviel kostet das?
vee-feel kos-tet das

Please keep the change
Der Rest ist für Sie
der rest ist fewr zee

Underground – the U-Bahn

Where's the nearest metro station?
Wo ist die nächste U-Bahn-Station?
*vo ist dee **nekst**-e **oo**-ban-stats-**yon***

Which line should I take for ...?
Welche Linie muss ich nach ... nehmen?
***velkh**-e **lee**-nye moos ikh nakh ... **nay**-men*

Where can I buy the tickets, please?
Wo kann ich bitte die Fahrscheine lösen?
*voa kan ikh **bit**-e dee **far**-shyn-e **loe**-sen*

Does this train go to ...?
Fährt diese Bahn nach ...?
*fert **dees**-e ban nakh ...*

Where does this train go to?
Wohin fährt diese U-Bahn?
*voa-hin fayrt **dees**-e **oo**-ban*

Is this the right platform for ...?
Ist dies der richtige Bahnsteig nach ...?
*ist dees der **rikh**-tig-e **ban**-shtyg nakh ...*

Is the next station ...?
Ist die nächste Haltestelle ...?
*ist dee **nekst**-e **halt**-e-stel-e ...*

UNDERGROUND – THE U-BAHN

When do I have to get off, please?
Wann muß ich aussteigen, bitte?
*van mus ikh **ows**-sty-gen, **bit**-e*

Where do I change for ...?
Wo muß ich nach ... umsteigen?
*voa mus ikh nakh ... **oom**-shtyg-en*

Where can I ...
Wo kann ich ...
voa kan ikh ...

... get change for the machine?
... Kleingeld für den Fahrkartenautomaten bekommen?
*... klyn-gelt fewr den **far**-kart-en-ow-to-ma-ten be-kom-en*

Where is there a map?
Wo gibt es einen Fahrplan?
*voa gipt es **yn**-en **far**-plan*

What time is the last train for ...?
Wann geht die letzte Bahn nach ...?
*van get dee **letst**-e ban nakh ...*

(see page 15 for time expressions)

CUSTOMS AND PASSPORTS

Your papers, please!
Ihre Papiere, bitte!
eer-e pa-peer-e, bit-e

How long are you staying here?
Wie lange bleiben Sie hier?
vee lang-e blyb-en zee heer

I'll be staying (a few days) ...
Ich werde (ein paar Tage) bleiben ...
ikh ver-de (yn par tag-e) blyb-en

... a week, a month
... eine Woche, einen Monat
... yn-e vokh-e, yn-en mo-nat

I don't know yet
Ich weiß noch nicht
ikh vys nokh nikht

What is your address in Germany?
Was ist Ihre Adresse in Deutschland?
vas ist eer-e ad-res-e in doytsh-land

Austria, Switzerland, Liechtenstein
Österreich, Schweiz, Liechtenstein
oe-ster-rykh, shvyts, leekh-ten-shtyn

CUSTOMS AND PASSPORTS

My address here is ...
Meine Adresse hier ist ...
myn-e a-dres-e heer ist ...

I'm here on (holiday), business
Ich bin hier (auf Urlaub), auf Geschäftsreise
ikh bin heer (owf oor-lowb), owf ge-shefts-rys-e

ge-hoer-en zee tsoo-sam-en
Gehören Sie zusammen?
Are you together?

We have a joint passport
Wir haben einen gemeinsamen Reisepaß
veer ha-ben yn-en ge-myn-sam-en rys-e-pas

I'm travelling (alone) ...
Ich reise (alleine) ...
ikh rys-e (a-lyn-e) ...

... with my (wife), family
... mit meiner (Ehefrau), meiner Familie
... mit myn-er (Ay-he-frow), myn-er fam-i-li-e

... a friend (male / female)
... einem Freund / einer Freundin
... yn-em froynd / yn-er froynd-in

CUSTOMS AND PASSPORTS

*vee-feel geld **hab**-en zee*
Wieviel Geld haben Sie?
How much money have you?

I have ... (currency *page 22,* **pounds, dollars)**
Ich habe ... (Währung, Pfund, Dollar)
*ikh **hab**-e ... (**vayr**-oong, pfoont, **dol**-ar)*

... nothing to declare
... nichts zu verzollen
*... nikhts tsoo fer-**tsol**-en*

This is for my own use
Dies ist für meinen Eigenbedarf
*dees ist fewr **myn**-en y-gen-be-**darf***

This is my luggage
Dies ist mein Gepäck
*dees ist myn ge-**pek***

*ha-ben zee das selbst ge-**pakt***
Haben Sie das selbst gepackt?
Did you pack this yourself?

It has only my personal things in it
Es enthält nur meine persönlichen Dinge
*es ent-**helt** noor **myn**-e per-**soen**-likh-en **din**-ge*

FINDING YOUR WAY

Is there ... near here?
Gibt es ... in der Nähe?
*gipt es ... in der **neh**-e*

... a bank, a bar, a campsite
... eine Bank, eine Bar, ein Campingplatz
*... **yn**-e bank, **yn**-e bar, yn **cem**-ping-plats*

... a hotel, a petrol station
... ein Hotel, eine Tankstelle
*... yn hot-**el**, **yn**-e **tank**-stel-e*

... a pharmacy, a post office, a restaurant
... eine Apotheke, eine Post, ein Restaurant
*... **yn**-e a-po-**te**-ke, **yn**-e post, yn **res**-tow-**roa***

... a tourist office
... ein Fremdenverkehrsbüro
*... yn **fremd**-en-fer-**kers**-bew-**roa***

Is it far to ...?
Ist es weit nach ...?
ist es vyt nakh ...

How far is it to the youth hostel?
Wie weit ist es zur Jugendherberge?
*vee vyt ist es tsoor **joo**-gend-**her**-berg-e*

FINDING YOUR WAY

Please show me on this map ...
Bitte zeigen Sie mir ... auf dieser Karte
*bit-e **tsyg**-en zee mir ... owf **dees**-er **kart**-e*

... where I am
... wo ich bin
... vo ikh bin

We want the motorway for ...
Wir möchten die Autobahn nach ...
*veer **moekht**-en dee **ow**-to-ban nakh ...*

How many kilometres to ...?
Wieviele Kilometer bis nach ...?
*vee-**feel**-e **ki**-lo-met-er bis nakh ...*

*fewnf, tsayn, **tsvan**-tsik **ki**-lo-may-ter*
fünf, zehn, zwanzig Kilometer
5, 10, 20 kilometres

***far**-en zee ge-**rad**-e-ows **vyt**-er ...*
Fahren Sie geradeaus weiter ...
Keep straight on ...

*zee **mews**-en **soa**-lang-e **fa**-ren, bis ...*
Sie müssen solange fahren, bis ...
you go as far as ...

FINDING YOUR WAY

*fewr ... (**may**-ter), **ki**-lo-**may**-ter*
für ... (Meter), Kilometer
for ... (metres), kilometres

***yn**-hoon-dert **may**-ter, **tsvy**-hoon-dert **may**-ter*
Einhundert Meter, Zweihundert Meter
100m, 200m

***beeg**-en zee links (rekhts) ab*
Biegen Sie links (rechts) ab
Turn left (right)

*ew-ber-**kvay**-ren zee dee **shtras**-e*
Überqueren Sie die Straße
Cross over the road

*... an der **am**-pel, am **krys**-fer-ker*
... an der Ampel, am Kreisverkehr
... at the (traffic lights), roundabout

*... an der **kroy**-tsoong*
... an der Kreuzung
... at the crossroads

*... an das **end**-e der **stras**-e*
... an das Ende der Straße
... at the end of the road

MAPS AND GUIDES

I'd like a street plan, please
Ich möchte einen Straßenplan, bitte
*ikh **moekht**-e **yn**-en **stras**-en-plan, **bit**-e*

May I have a map?
Kann ich eine Landkarte haben?
*kan ikh **yn**-e **land**-kar-te **hab**-en*

Please will you show me ...?
Können Sie mir das bitte zeigen ...?
***koen**-en zee mir das **bit**-e **tsy**-gen ...*

... where I can find this address?
... wo ich diese Adresse finden kann?
*... voa ikh **dees**-e a-**dres**-e **fin**-den kan*

Please write it down
Bitte schreiben Sie es auf
***bit**-e **shry**-ben zee es owf*

Where is (are) ...?
Wo ist (sind) ...?
voa ist (sind) ...

How far is it to ...?
Wie weit ist es nach ...?
vee vyt ist es nakh ...

MAPS AND GUIDES

... the tourist office
... das Fremdenverkehrsbüro
... *das **frem**-den-fer-**kers**-bew-**roa***

... the nearest petrol station, garage
... die nächste Tankstelle, Autowerkstatt
... *dee **nek**-ste **tank**-stel-e, **ow**-to-**verk**-stat*

... the beach, a car park, the city centre
... der Strand, ein Parkplatz, das Stadtzentrum
... *der strand, yn **park**-plats, das **stat**-tsent-room*

... a golf course, tennis courts
... ein Golfplatz, Tennisplätze
... *yn **golf**-plats, **ten**-is-**ple**-tse*

... a skating rink, swimming pool, skiing
... eine Eislaufbahn, ein Schwimmbad, Skifahren
... ***yn**-e **ys**-lowf-ban, yn **shvim**-bad, **shee**-far-en*

... the airport, railway station
... der Flughafen, der Bahnhof
... *der **floog**-haf-en, der **ban**-hof*

METRIC EQUIVALENTS

Liquid measure

1 litre = 1.761 Imperial pints
1 Imperial pint = 0.572 litre
1 Imperial gal = 4.551 litres

lit	5	10	15	20	25	30	35	40	45	50
gal	1.1	2.2	3.3	4.4	5.5	6.6	7.7	8.8	9.9	11

Distance

1 kilometre = 0.621 mile
1 mile = 1.609 km

km	10	20	30	40	50	60	70	80	90	100
mile	6	12	19	25	31	37	44	50	56	62

mile	10	20	30	40	50	60	70	80	90	100
km	16	32	48	64	80	97	113	129	145	161

Tyre pressures

psi	18	22	26	30	34	38	42	46	50
bar	1.27	1.55	1.83	2.11	2.39	2.67	2.95	3.24	3.52

psi	20	24	28	32	36	40	44	48	52
bar	1.41	1.69	1.97	2.25	2.53	2.81	3.09	3.38	3.66

Petrol stations / garages

Fill it up
Bitte volltanken
*bit-e **fol**-tank-en*

... litres of petrol
... Liter Benzin
*... **lee**-ter ben-**tsin***

... (currency) worth of petrol
für ... (Mark, Schilling, Franke) Benzin
*ben-**tsin** fewr ... (mark, **shil**-ing, **frank**-e)*

Please check the ...
Bitte überprüfen Sie den / das / die ...
***bit**-e ew-ber-**prew**-fen zee den / das / dee ...*

Please change the ...
Bitte wechseln Sie den / das / dee ...
***bit**-e **ve**-kseln zee den / das / dee ...*

... and the spare tyre too
... und auch den Ersatzreifen
*... oont owkh den er-**sats**-ryf-en*

Where are the toilets?
Wo sind die Toiletten?
*voa sind dee toi-**let**-en*

PETROL STATIONS / GARAGES

self-service
Selbstbedienung
selbst-be-dee-noong

super, regular, unleaded, diesel
Super, Normal, Bleifrei, Diesel
soo-per, nor-mal, bly-fry, dee-sel

battery, brake fluid
die Batterie, die Bremsflüssigkeit
dee ba-ter-ee, dee brems-flews-ikh-kyt

antifreeze / coolant
das Frostschutzmittel
das frost-shoots-mit-el

fan belt, lightbulb, oil
der Keilriemen, die Glühbirne, das Öl
der kyl-ree-men, dee glew-bir-ne, das oel

spark plugs, tyre (pressure)
die Zündkerzen, der Reifen(druck)
dee tsewnd-ker-tsen, der ry-fen-(drook)

water, windscreen wipers
das Wasser, die Scheibenwischer
das was-er, dee shy-ben-wish-er

GOING BY RAIL

Where's the (railway station)
Wo ist der (Bahnhof)
*voa ist der **(ban**-hof)*

... ticket office, platform for ...
... das Fahrkartenbüro, der Bahnsteig für ...
*... das **far**-kar-ten-bew-**roa**, der **ban**-shtyg fewr*

... lost property office, left luggage office
... das Fundbüro, die Gepäckverwahrung
*das **foont**-bew-roa, dee ge-**pek**-fer-va-**roong***

... snack bar, telephones, toilets
... der Imbiß, die Telefonzellen, die Toiletten
*der **im**-bis, dee tay-le-**foan**-tsel-en, dee toi-**let**-en*

What's the fare to ...?
Wieviel kostet die Fahrt nach ...?
***vee**-feel **kos**-tet dee fart nakh ...*

Must I change trains?
Muss ich umsteigen?
*moos ikh **oom**-shty-gen*

Where do I change trains?
Wo muß ich umsteigen?
*voa moos ikh **oom**-shty-gen*

Going by rail

In Germany you can travel on a variety of trains, from the rather slow Eilzug (*yl*-*tsoog*) to the fast ICE *(ee-tsay-ay)*.

If you plan a longer journey by train, usually you must book your ticket first. You can choose between first and second class and smoker and non-smoker. You will be given the number of your compartment and the number of your seat. Before even getting on the train, you can find out where your compartment will be by looking at the special train maps on your platform. The platform number is listed on the timetable given to you or shown on a screen in the station.

At what time does the ...?
Um wieviel Uhr ...?
*oom **vee**-feel oor ...*

... (next) train (leave) arrive (at)
... der (nächste) Zug (fährt) kommt (um)
... *der (**nek**-ste) tsoog (fert) komt (oom)*

GOING BY RAIL

I'd like a (sleeper) ...
Ich hätte gerne (einen Schlafwagen) ...
*ikh **het**-e **gern**-e (**yn**-en **shlaf**-va-gen) ...*

... couchette ...
... einen Liegewogenplatz ...
*... **yn**-en **leeg**-e-**va**-gen-plats ...*

... ticket to ..., single ...
... eine Fahrkarte nach..., Hinfahrt ...
*... **yn**-e **far**-kar-te nakh ..., **hin**-fart ...*

... return, first class, second class
... Rundfahrt, erste Klasse, zweite Klasse
*... **roont**-fart, **er**-ste **klas**-e, **tsvy**-te **klas**-e*

Is there a reduction for ...? (*see page 21*)
Gibt es eine Ermäßigung für ...?
*gipt es **yn**-e er-**may**-si-**goong** fewr ...*

Is there a through train?
Gibt es eine Direktverbindung?
*gipt es **yn**-e dee-**rekt**-fer-bin-doong*

Is there a restaurant car?
Gibt es einen Speisewagen?
*gipt es **yn**-en **shpy**-se-**va**-gen*

Going by rail

Can I take my bicycle?
Kann ich mein Fahrrad mitnehmen?
*kan ikh myn **fa**-rat **mit**-nay-men*

Can I check in my bags?
Kann ich meine Tasche durchsehen?
*kan ikh **myn**-e **tash**-e **doorkh**-say-en*

Is there a non-smoking compartment?
Gibt es ein Nichtraucherabteil?
*gipt es yn **nikht**-row-kher-ap-tyl*

Is this the right train for ...?
Ist dies der richtige Zug nach ...?
*ist dees der **rikh**-tig-e tsoog nakh ...*

Is this seat taken?
Ist dieser Platz besetzt?
*ist **dee**-ser plats be-**setst***

May I open the window?
Darf ich das Fenster öffnen?
*darf ikh das **fen**-ster **oef**-nen*

My husband has my ticket
Mein Mann hat mein Ticket
*myn man hat myn **tik**-et*

SIGHTSEEING

> In many German cities it is possible to do guided sightseeing-tours in English – you will get the times and meeting-places in the tourist office (Fremdenverkehrsbüro).
> It is always possible to do guided tours in famous locations, such as castles and galleries. In some of them you will find that you can hire taped commentaries in English and other foreign languages.

Where's the tourist office?
Wo ist das Fremdenverkehrsbüro?
*voa ist das **frem**-den-fer-**kers**-bew-**roa***

I'd like a sightseeing tour
Ich möchte gerne eine Sehenswürdigkeiten-Tour machen
*ikh **moekht**-e **gern**-e **yn**-e **say**-hens-vewr-dikh-**kyt**-en **tour makh**-en*

How long does the tour take?
Wie lange dauert die Führung?
*vee **long**-e **dow**-ert dee **few**-roong*

SIGHTSEEING

What should one see here?
Was sollte man sich hier ansehen?
*vas **solt**-e man sikh heer **an**-say-hen*

We're here for ... (half a day)
Wir sind für...(einen halben Tag) hier
*veer sind fewr...(**yn**-en **halb**-en tag) heer*

... whole day, week
... ein ganzer Tag, eine Woche
*... yn **gants**-er tag, **yn**-e **wokh**-e*

What can you suggest (for children) ...?
Was können Sie (für Kinder) empfehlen ...?
*vas **koen**-en zee (fewr **kin**-der) em-**pfay**-len*

... not too far away
... nicht zu weit weg
... nikht tsoo vyt veg

May I have a street plan?
Könnte ich einen Straßenplan bekommen?
***koent**-e ikh **yn**-en **stras**-en-plan be-**kom**-en*

Please show me
Können Sie mir das bitte zeigen?
***koen**-en zee mir das **bit**-e **tsyg**-en*

SIGHTSEEING

Is there a bus to (the ruins)?
Fährt ein Bus zur (Ruine)?
*fert yn boos tsoor (roo-**een**-e)*

Are they open to the public?
Sind sie für die Öffentlichkeit zugänglich?
*sind zee fewr dee **oef**-en-tlikh-kyt **tsoo**-geng-likh*

What are the opening hours?
Wann sind die Öffnungszeiten?
*van sind dee **oef**-noongs-**tsy**-ten*

Is there an English-speaking guide?
Gibt es einen englischsprechenden Führer?
*gipt es **yn**-en **eng**-lish-**shprekh**-en-den **few**-rer*

How much is the entrance fee?
Wieviel kostet der Eintritt?
***vee**-feel **kost**-et der **yn**-trit*

Is there a special price for ...? (*see page 21*)
Gibt es Ermäßigungen für ...?
*gipt es er-**may**-si-**goong**-en fewr ...*

Have you a guide book in English?
Haben Sie einen Reiseführer auf Englisch?
***hab**-en zee **yn**-en **rys**-e-**fewr**-er owf **eng**-lish*

SIGHTSEEING

I'd like a catalogue
Ich hätte gerne einen Katalog/ein Prospekt
*ikh **het**-e **gern**-e **yn**-en ka-ta-**loag** / yn pros-**pekt***

At what time does it open (close)?
Wann öffnet (schließt) es?
*van **oef**-net (shleest) es*

When are the last admissions?
Wann sind die letzten Einlaßzeiten?
*van sind dee **letst**-en **yn**-las-**tsy**-ten*

When was it built?
Wann wurde es erbaut?
*van **voord**-e es er-**bowt***

Who built it?
Wer erbaute es?
*ver er-**bowt**-e es*

I'd like to see (visit) ...
Ich möchte mir gerne ... ansehen
*ikh **moekht**-e mir **gern**-e ... an-**say**-hen*

We are most interested in ...
Wir sind am meisten an ... interessiert
*veer sind am **my**-sten an ... in-ter-e-**seert***

SIGHTSEEING

antiques, archaeology
die Antiquitäten, die Archäologie
*dee an-ti-kvi-**tay**-ten, dee **ar**-khe-o-lo-**gee***

architecture, art
die Architektur, die Kunst
*dee ar-khi-tek-**toor**, dee koonst*

botany and gardens
die Botanik und Gärten
*dee Bo-**ta**-nik oont **gert**-en*

cathedrals, churches
die Dome, die Kirchen
*dee **doam**-e, dee **kirkh**-en*

art gallery, library
die Kunstgalerie, die Bücherei
*dee **koonst**-ga-ler-**ee**, dee bewkh-e-**ry***

mausoleum, monuments
das Mausoleum, die Gebäude
*das mow-so-**lay**-oom, dee ge-**boy**-de*

museums, natural history
die Museen, die Naturgeschichte
*dee moo-**say**-en, dee na-**toor**-ge-**shikh**-te*

SIGHTSEEING

Where's the house where ... lived?
Wo ist das Haus in dem ... lebte?
*voa ist das hows in dem ... **leb**-te*

Who was the architect, painter?
Wer war der Architekt, der Maler?
*ver var der ar-khi-**tekt**, der **ma**-ler*

At what time is the service?
Um wieviel Uhr beginnt die Messe?
*oom **vee**-feel oor be-**gint** dee **mes**-e*

Can we go in?
Dürfen wir hineingehen?
***dewr**-fen veer hee-**nyn**-gay-hen*

Can I take pictures?
Kann ich hier Fotos machen?
*kan ikh heer **foa**-tos **makh**-en*

Can I use flash?
Darf ich Blitzlicht benützen?
*darf ikh **blits**-likht be-**newts**-en*

Where is ... buried?
Wo ist ... begraben?
*voa ist ... be-**gra**-ben*

TRAVEL AGENTS

Where's the nearest travel agent?
Wo ist das nächste Reisebüro?
*voa ist das **neks**-te **ry**-se-bew-**roa***

Is there a flight to ... on ...?
Gibt es einen Flug nach ... am ...?
*gipt es **yn**-en floog nakh ... am ...*

I'd like a ticket to ...
Ich möchte gerne ein (Flug)Ticket nach ...
*ikh **moekht**-e **gern**-e yn (**floog**)**tik**-et nakh ...*

Is it direct?
Ist es ein Direktflug?
*ist es yn dee-**rekt**-floog*

Must I change planes? Where?
Muß ich umsteigen? Wo?
*moos ikh **oom**-shty-gen? voa*

I'd like to (change) my reservation ...
Ich möchte meine Buchung (ändern) ...
*ikh **moekht**-e **myn**-e **boo**-khoong (**en**-dern) ...*

... cancel, confirm
... aufheben, bestätigen
*... **owf**-hay-ben, be-**shtay**-tig-en*

TRAVEL AGENTS

What's the next flight to ...?
Was ist der nächste Flug nach ...?
*vas ist der **neks**-te floog nakh ...*

At what time does it depart?
Um wieviel Uhr ... es ...?
*oom **vee**-feel oor ... es ...*

What's the (flight number) ...?
Wie ist die (Flugnummer) ...?
*vee ist dee (**floog**-noom-er) ...*

... check-in time, leave, arrive
... Check-in Zeit, verlassen, ankommen
*... tshek-**in** tsyt, fer-**las**-en, an-**kom**-en*

I want a (return)
Ich möchte einen (Rundflug / Rückflug)
*ikh **moekht**-e **yn**-en (**roont**-floog / **rewk**-floog)*

single, first-class, business class
Hinflug, erste Klasse, Geschäftsklasse
***hin**-floog, **ayr**-ste **klas**-e, ge-**shefts**-klas-e*

Is everything included?
Ist alles inklusive?
*ist **al**-es in-kloo-**seev**-e*

TRIPS AND EXCURSIONS

Can you recommend an excursion?
Können Sie einen Ausflug empfehlen?
***koen**-en zee **yn**-en **ows**-floog em-**pfay**-len*

Where does it go from?
Wo beginnt es?
*voa be-**gint** es*

How much is the tour?
Wieviel kostet die Tour?
***vee**-feel **kost**-et dee toor*

I'm sorry, it's too expensive for me
Es tut mir leid, das ist mir zu teuer
*es toot meer lyd, das ist meer tsoo **toy**-er*

Is there a family ticket? (*see also page 21*)
Gibt es ein Familienticket?
*gipt es yn fa-**meel**-yen-**tik**-et*

Is there a senior citizens' concession?
Gibt es eine Ermäßigung für Senioren?
*gipt es **yn**-e er-**may**-see-goong fewr sen-**yor**-en*

At what time does it start?
Um wieviel Uhr beginnt es?
*oom **vee**-feel oor be-**gint** es)*

Trips and excursions

Is ... open on Sundays (Mondays)?
Ist ... sonntags (montags) geöffnet?
*ist ... **son**-taks (**mon**-taks) ge-**oef**-net*

How far is it to ...?
Wie weit ist es bis nach ...?
vee vyt ist es bis nakh ...

How long does it take (by car)?
Wie lange dauert es (mit dem Auto)?
*vee **lang**-e **dow**-ert es (mit dem **ow**-to)*

*noor **oon**-ge-fayr (**fewnf**-tsayn) mee-**noo**-ten*
Nur ungefähr (fünfzehn) Minuten
Only about (15) minutes

Is it easy to park?
Ist es leicht, einen Parkplatz zu finden?
*ist es lykht, **yn**-en **park**-plats tsoo **fin**-den*

Is there a scenic route?
Gibt es eine landschaftlich schöne Strecke?
*gipt es **yn**-e **land**-shaft-likh **shoen**-e **shtrek**-e*

Is there a (train), coach / bus?
Gibt es einen (Zug), einen Bus?
*gipt es **yn**-en (tsoog), **yn**-en boos*

TRIPS AND EXCURSIONS

Will the coach call at the ... hotel?
Hält der Bus am ... Hotel?
*helt der boos am ... ho-**tel***

Is lunch included?
Ist das Mittagessen miteinbegriffen?
*ist das **mi**-tag-**es**-en mit-**yn**-be-grif-en*

At what time ... does it open (close)?
Um wieviel Uhr ... öffnet (schließt) es?
*oom **vee**-feel oor ... **oef**-net (shleest) es*

... will it be back?
... wird es zurück sein?
*... vird es tsoo-**rewk** syn*

Is it safe to swim?
Ist es sicher, hier zu schwimmen?
*ist es **sikh**-er heer tsoo **shvim**-en*

I would like to reserve a seat for tonight
Ich möchte gerne einen Platz für heute abend reservieren
*ikh **moekht**-e **gern**-e **yn**-en plats fewr **hoyt**-e **a**-bend **ray**-ser-**veer**-en*

WHERE TO STAY

> **luxury, first- (second) class**
> Luxus, erste (zweite) Klasse
> *look-soos, ers-te (tsvy-te) klas-e*
>
> **motel, country inn**
> das Motel, die Landgaststätte
> *das mo-tel, dee land-gast-shtet-e*
>
> **pension, youth hostel**
> die Pension, die Jugendherberge
> *dee pen-syon, dee joo-gend-her-berg-e*

I have a reservation ...
Ich habe gebucht ...
ikh hab-e ge-bookht

Here is the confirmation ...
Hier ist die Bestätigung ...
heer ist dee be-shtay-ti-goong

I'm sorry I'm late
Entschuldigen Sie, ich habe mich verspätet
ent-shool-dee-gen zee, ikh hab-e mikh fer-shpay-tet

YOUR ROOM – BOOKING IN

Have you any rooms?
Haben Sie Zimmer frei?
*ha-ben zee **tsim**-er fry*

I'd like to make a reservation ...
Ich möchte gerne ein Zimmer reservieren ...
*ikh **moekht**-e **gern**-e yn **tsim**-er re-ser-**vee**-ren*

... just for tonight
... nur für heute Nacht
*... noor fewr **hoy**-te nakht*

... for (two), three, four nights
... für (zwei), drei, vier Nächte
*... fewr (tsvy), dry, feer **nekht**-e*

Please show me the calendar
Bitte zeigen Sie mir den Kalender
***bit**-e **tsy**-gen zee mir den ka-**len**-der*

I'd like a (double)-bedded room
Ich hätte gerne ein (Doppel)zimmer
*ikh **het**-e **gern**-e yn (**dop**-el)**tsim**-er*

... single, twin, family
... Einzel, Doppel, Familie
*... **yn**-tsel, **dop**-el, fa-**meel**-y-e*

103

YOUR ROOM – BOOKING IN

... (with) without balcony, bath ...
... (mit) ohne Balkon, Bad ...
... *(mit)* **oa**-*ne bal-**kon**, bad* ...

... shower, toilet, running water
... Dusche, Toilette, fließend Wasser
... ***doo**-she, toy-**let**-e, **flees**-end **vas**-er*

Is there (air conditioning) ...?
Gibt es eine Klimaanlage ...?
*gipt es **yn**-e **klee**-ma-an-**la**-ge* ...

... heating, a phone, television
... die Heizung, das Telefon, der Fernseher
... *dee **hy**-tsoong, das tay-le-**foan**, der **fern**-say-er*

It must be (quiet) ...
Es muß (ruhig) sein ...
*es moos (**roo**-ikh) syn* ...

... facing the sea, at the (back), front
... Meerseite, (hinten), vorne
... ***mayr**-sy-te, (**hint**-en), **forn**-e*

Is there a restaurant?
Gibt es ein Restaurant?
*gipt es yn res-to-**roa***

104

YOUR ROOM – BOOKING IN

How much is it per (night), person?
Wieviel kostet es pro (Nacht), Person?
*vee-feel **kos**-tet es proa (nakht), per-**son***

... at the weekly rate
... bei wöchentlicher Zahlung
*... by **voekh**-ent-**likh**-er **tsa**-loong*

... (full), half-pension
... (Voll), Halbpension
*... (fol), **halb**-pen-**syon***

Does it include breakfast?
Ist das Frühstück miteinbegriffen?
*ist das **frew**-stewk mit-**yn**-be-**grif**-en*

Is there room service?
Gibt es Zimmerservice?
*gipt es **tsim**-er-**soer**-vis*

I'd like (breakfast) in my room
Ich möchte (das Frühstück) auf mein Zimmer gebracht bekommen
*ikh **moekht**-e (das **frew-**shtewk) owf myn **tsim**-er ge-**brakht** be-**kom**-en*

YOUR ROOM – BOOKING IN

Here is my passport
Hier ist mein Reisepaß
*heer ist myn **ry**-se-pas*

This is all I have
Das ist alles was ich habe
*das ist **al**-es vas ikh **ha**-be*

My luggage is in the car
Mein Gepäck ist im Auto
*myn ge-**pek** ist im **ow**-to*

Could you put ... in the room, please?
Könnten sie bitte ... in das Zimmer stellen?
***koent**-en zee **bit**-e ... in das **tsim**-er **stel**-en*

I'm leaving early in the morning
Ich werde am frühen Morgen abfahren
*ikh **verd**-e am **frew**-hen **morg**-en **ab**-far-en*

Can I pay with this credit card?
Kann ich mit dieser Kreditkarte zahlen?
*kan ikh mit **dees**-er kre-**dit**-kart-e **tsal**-en*

Can you suggest another hotel?
Können Sie ein anderes Hotel empfehlen?
***koen**-en zee yn **an**-der-es ho-**tel** em-**pfay**-len*

BOOKING IN ADVANCE

Dear Sirs,
I should like to book a (single, double, twin) room with (without) (bath, shower, toilet, running water, balcony, [sea] view) from (date) until (date) inclusive. Please can you confirm the booking and the price (on the following fax number) to the above address by return of post. Thank you for your help.

Yours faithfully

Sehr geehrte Damen und Herren,

hiermit möchte ich ein (Einzel-, Doppel-, Doppel-) Zimmer mit (ohne) (Bad, Dusche, Toilette, fließend Wasser, Balkon, [Meeres-] Blick) vom (Datum) bis einschließlich (Datum) buchen. Könnten Sie bitte diese Buchung und den Preis (bei der folgenden Faxnummer) bei obiger Adresse schriftlich bestätigen? Vielen Dank für Ihre Hilfe.

Mit freundlichen Grüßen

CAMPING

Is there a camp site near here?
Gibt es einen Campingplatz in der Nähe?
*gipt es **yn**-en **kem**-ping-plats in der **nay**-he*

Is this an authorised camp site?
Ist dies ein offizieller Campingplatz?
*ist dees yn of-ee-**tsyel**-er **kem**-ping-plats*

Can we park our caravan here?
Dürfen wir unseren Wohnwagen hier parken?
***dewrf**-en veer **oon**-ser-en **von**-vag-en heer **par**-ken*

May we camp here?
Dürfen wir hier zelten?
***dewrf**-en veer heer **tselt**-en*

Can we camp in your field?
Dürfen wir bitte in Ihrem Feld zelten?
***dewrf**-en veer **bit**-e in **ee**-rem felt **tsel**-ten*

Can we hire a tent?
Können wir ein Zelt mieten?
***koen**-en veer yn tselt **meet**-en*

How much per day (week)?
Wieviel kostet es pro Tag (pro Woche)?
***vee**-feel **kost**-et es proa tag (**wokh**-e)*

108

CAMPING

Is the tourist tax included?
Ist das inklusive Touristenzuschlag?
*ist das in-kloo-**seef**-e too-**rist**-en-**tsoo**-shlag*

Do we pay in advance?
Müssen wir im voraus zahlen?
***mews**-en veer im **foa**-rows **tsa**-len*

Do we pay when we leave?
Müssen wir bei der Abreise zahlen?
***mews**-en veer by der **ab**-rys-e **tsa**-len*

Are there (toilets), showers?
Gibt es (Toiletten), Duschen?
*gipt es (toy-**let**-en), **doosh**-en*

Is there electricity?
Gibt es Strom?
gipt es shtroam

Is there drinking water?
Gibt es hier Trinkwasser?
*gipt es heer **trink**-vas-er*

May we light a fire?
Dürfen wir hier Feuer machen?
***dewrf**-en veer heer **foi**-er **makh**-en*

CAMPING

Do you have a swimming pool?
Haben sie ein schwimmbecken?
ha-ben zee yn shvim-bek-en

Where can I buy (paraffin), butane gas?
Wo kann ich (Paraffin) Butangas kaufen?
voa kan ikh (pa-ra-feen) boo-tan-gas kowf-en

Is there a shop (on the site)?
Gibt es (auf diesem Gelände) einen Laden?
gipt es (owf dees-em ge-lend-e) yn-en lad-en

How far is it to the village?
Wie weit ist es bis zum Dorf?
vee vyt ist es bis tsoom dorf

Is there a short cut?
Gibt es eine Abkürzung?
gipt es yn-e ab-kewrts-oong

What is the hire charge for ... ?
Wieviel kostet es, ... auszuleihen?
vee-feel kost-et es, ows-tsoo-lay-hen

... a (tent), a caravan ...
... ein (Zelt), einen Wohnwagen ...
... yn (tselt), yn-en von-vag-en ...

CAMPING

air mattress
die Luftmatratze
*dee **luft**-ma-trats-e*

bucket
der Eimer
*der **y**-mer*

camp bed
das Feldbett
*das **felt**-bet*

camp chair
der Klappstuhl
*der **klap**-shtool*

fly sheet
das Regendach
*das **ray**-gen-dakh*

ground sheet
die Bodenabdeckung
*dee **boa**-den-**ap**-dek-oong*

guy line
die Zeltleine
*dee **tselt**-lyn-e*

mallet
der Holzhammer
*der **holts**-ham-er*

sleeping bag
der Schlafsack
*der **shlaf**-sak*

tent
das Zelt
das tselt

tent peg
der Hering
*der **hay**-ring*

tent pole
die Zeltstange
*dee **tselt**-stang-e*

thermos flask
die Thermosflasche
*dee **ter**-mos-**flash**-e*

torch
die Taschenlampe
*dee **tash**-en-lamp-e*

Needs and problems in the room

I wish to change my room
Ich möchte bitte ein anderes Zimmer
*ikh **moekht**-e **bit**-e yn **an**-der-es **tsim**-er*

There is no (soap), toilet paper ...
Es ist keine (Seife), kein Toilettenpapier da ...
*es ist **kyn**-e (**syf**-e), kyn toi-**let**-en-pa-**peer** da*

... (hot) water
... das (heiße) Wasser
*... das (**hys**-e) **was**-er*

... plug in my washbasin
... der Stöpsel in meinem Waschbecken
*... der **stoep**-sel in **myn**-em **vash**-bek-en*

The washbasin is blocked
Der Waschbeckenabfluß ist verstopft
*der **vash**-bek-en-**ab**-floos ist fer-**shtopft***

There are no towels
Es sind keine Handtücher da
*es sind **kyn**-e **hand**-tewkh-er da*

These sheets are dirty
Diese Laken sind schmutzig
***dees**-e **lak**-en sind **shmoot**-sig*

NEEDS AND PROBLEMS IN THE ROOM

The curtains will not close
Die Vorhänge lassen sich nicht schließen
*dee **for**-heng-e **las**-en sikh nikht **shlee**-sen*

The window is jammed
Das Fenster klemmt
*das **fen**-ster klemt*

May I have (more hangers) ...
Könnte ich (mehr Wäschebügel) bekommen ...
***koen**-te ikh (mer **ve**-she-**bewg**-el) be-**kom**-en*

... another blanket (pillow)
... noch eine Decke (ein Kissen)
*... nokh **yn**-e **dek**-e (yn **kis**-en)*

The ... doesn't work
[Der / die / das] ... funktioniert nicht
*[der / dee / das] ... foonk-tsee-o-**neert** nikht*

... the fan, the radio ...
... der Ventilator, das Radio ...
*... der fen-ti-**la**-tor, das **ra**-dee-o ...*

... the television, the air conditioning ...
... der Fernseher, die Klimaanlage ...
*... der **fern**-say-her, dee **klee**-ma-an-**lag**-e ...*

NEEDS AND PROBLEMS IN THE ROOM

The door will not lock
Die Tür läßt sich nicht absperren
*dee fewr lest sikh nikht **ap**-shper-en*

The toilet won't flush
Die Toilette spült nicht
*dee toi-**let**-e shpewlt nikht*

The bulb is burned out
Die Glühbirne ist ausgebrannt
*dee **glew**-birn-e ist **ows**-ge-brant*

Can the heating (air conditioning) ...?
Kann die Heizung (die Klimaanlage)...?
*kan dee **hy**-tsoong (dee **klee**-ma-an-**lag**-e)...*

... be turned (up), down, off?
... (höhergedreht), heruntergedreht, abgeschaltet werden
*... (**hoe**-her-ge-**dret**), he-**roont**-er-ge-**dret**, **ab**-ge-**shalt**-et **ver**-den*

Is there a shaver point?
Gibt es eine Steckdose für meinen Rasierapparat?
*gipt es **yn**-e **shtek**-dos-e fewr **myn**-en ra-**seer**-apa-rat*

RECEPTION / PORTER / CONCIERGE

Is the hotel open all night?
Ist das Hotel die ganze Nacht geöffnet?
*ist das hot-**el** dee **gan**-tse nakht ge-**oef**-net*

When does it close?
Wann schließt es?
van shleest es

Is there a garage (parking)?
Gibt es eine Garage (einen Parkplatz)?
*gipt es **yn**-e ga-**ra**-sh-e (**yn**-en **park**-plats)*

Where is the (dining room) ...?
Wo ist der (Speisesaal) ...?
*voa ist der (**shpy**-se-sal) ...*

... bathroom, emergency exit
... das Badezimmer, der Notausgang
*... das **ba**-de-**tsim**-er, der **not**-ows-gang*

At what time is ... (breakfast) ... served?
Wann wird das ... (Frühstück) ... serviert?
*van vird das ... (**frew**-shtewk) ... zer-**veert***

... lunch, dinner ...
... Mittagessen, Abendessen ...
*... **mit**-ag-**es**-en, **a**-bend-**es**-en ...*

RECEPTION / PORTER / CONCIERGE

Can we have ... in our room?
Können wir...in unserem Zimmer haben?
*koen-en veer...in **oon**-ser-em **tsim**-er **hab**-en*

... (an iron) a cot ...
... (ein Bügeleisen) ein Kinderbett ...
*... (yn **bewg**-el-ys-en) yn **kin**-der-bet ...*

My key, please
Meine Schlüssel, bitte
*__myn__-e **shlews**-el, **bit**-e*

What's the voltage?
Wieviel beträgt die Voltzahl hier?
***vee**-feel be-**tregt** dee volt-tsal heer*

I'd like to leave this in your safe
Ich möchte das gerne in Ihrem Safe lassen
*ikh **moekh**-te das **gern**-e in **eer**-em seyf **las**-en*

Please wake me at ... (*see page 15 for time*)
Bitte wecken Sie mich um ...
***bit**-e **vek**-en zee mikh oom ...*

Are there any messages?
Hat jemand Nachrichten hinterlassen?
*hat **je**-mand **nakh**-rikht-en hin-ter-**las**-en*

CHILDCARE

Can you warm this milk for me?
Können Sie mir diese Milch aufwärmen?
koen-en zee mir dees-e milkh owf-ver-men

Do you have a high chair?
Haben Sie einen Hochstuhl?
ha-ben zee yn-en hokh-shtool

My son (daughter) is ...
Mein Sohn (meine Tochter) ist ...
myn soan (myn-e tokh-ter) ist ...

... 7 years old
... sieben Jahre alt
... zee-ben jar-e alt

How old is (your son) your daughter?
Wie alt ist (Ihr Sohn) Ihre Tochter?
vee alt ist (eer soan) eer-e tokh-ter

I am very sorry. He was very naughty
Es tut mir sehr leid. Er war sehr ungezogen
es toot mir sayr lyt. Er war sayr oon-ge-tsoa-gen

It will not happen again
Es wird nicht wieder vorkommen
es vird nikht vee-der for-kom-en

117

Childcare

She goes to bed at eight o'clock
Sie geht um acht Uhr ins Bett
zee gayt oom akht oor ins bet

Is there a baby-sitter …?
Gibt es einen Babysitter …?
*gipt es **yn**-en **be**-bi-**sit**-er …*

… a cot, a paddling pool …
… ein Kinderbett, ein Planschbecken …
*… yn **kin**-der-**bet**, yn **plansh**-bek-en …*

… a swimming pool, swings …
… ein Schwimmbad, die Schaukeln …
*… yn **shvim**-bat, dee **show**-keln …*

Where can I buy disposable nappies?
Wo kann ich Windeln kaufen?
*voa kan ikh **vin**-deln **kow**-fen*

Where can I change the baby?
Wo kann ich das Baby wickeln?
*voa kan ikh das **be**-bi **vik**-eln*

Where can I feed / breastfeed my baby?
Wo kann ich mein Baby füttern / stillen?
*voa kan ikh myn **be**-bi **fewt**-ern / **stil**-en*

ROOM SERVICE

May I see ... please?
Kann ich bitte ... sehen?
*kan ikh **bit**-e ... **say**-hen*

... the menu (wine list) ...
... die Speisekarte (die Weinkarte) ...
*... dee **shpy**-se-kart-e (dee **vyn**-kart-e) ...*

Is there a set menu?
Gibt es ein Menü?
*gipt es yn me-**new***

Do you serve local dishes?
Servieren Sie regionale Spezialitäten?
*ser-**veer**-en zee re-gee-o-**nal**-e shpe-tsee-ali-**tayt**-en*

I just want something light ...
Ich möchte nur etwas Leichtes ...
*ikh **moekht**-e noor **et**-vas **lykht**-es ...*

I'm (on a diet) /diabetic
Ich (mache eine Diät) / bin Diabetiker
*ikh (makh-e **yn**-e dee-**ayt**) / bin dee-a-**be**-tik-er*

... (without fat, oil, salt) vegetarian, vegan
... (ohne Fett, Öl, Salz) Vegetarier, Veganer
*(**oan**-e fet, oel, salts), ve-ge-**ta**-ree-er, ve-**gan**-er*

119

SELF-CATERING

Can I walk to the shops?
Kann ich die Läden zu Fuß erreichen?
*kan ikh dee **layd**-en tsoo foos er-**rykh**-en*

How long does it take?
Wie lange dauert es?
*vee **lang**-e **dow**-ert es*

How far is it?
Wie weit ist es?
vee vyt ist es

Is there a market nearby?
Gibt es in der Nähe einen Markt?
*gipt es in der **nay**-he **yn**-en markt*

Can I buy (fresh bread) there?
Kann ich dort (frisches Brot) kaufen?
*kan ikh dort (**frish**-es brot) **kowf**-en*

May I help myself?
Darf ich mich selbst bedienen?
*darf ikh mikh selbst be-**deen**-en*

I'd like (6 eggs) ...
Ich hätte gerne (sechs Eier) ...
*ikh **het**-e **gern**-e (zeks **y**-er) ...*

SELF-CATERING

... a litre of milk ... some bread, cheese ...
... einen Liter Milch ... etwas Brot, Käse ...
... *yn-en **lit**-er **milkh** ... **et**-vas brot, **kes**-e ...*

... a (half) kilo of ... 100 grammes of ...
... ein (halbes) Kilo ... hundert gramm ...
... *yn (**halb**-es) **ki**-lo ... **hoon**-dert gram ...*

... fish, meat, vegetables
... der Fish, das Fleisch, das Gemüse
... *der fish, das flysh, das ge-**mews**-e*

... butter, garlic, fruit
... die Butter, der Knoblauch, die Früchte
... *dee **boot**-er, der **knob**-lowkh, dee **frewkht**-e*

I'll have one of those
Ich möchte bitte eins von diesen
*ikh **moekht**-e **bit**-e yns fon **dees**-en*

... 8 slices of ham
... acht Scheiben Schinken
... *akht **shyb**-en **shink**-en*

What sort of cheese is that?
Was für eine Käsesorte ist das?
*vas fewr **yn**-e **kays**-e-**sort**-e ist das*

AROUND THE HOUSE

bath(room)
das Bad(ezimmer)
*das **bat**(-e-**tsim**-er)*

bed
das Bett
das bet

brush
die Bürste
*dee **bewrst**-e*

bucket
der Eimer
*der **y**-mer*

chair
der Stuhl
der shtool

cooker
der Herd
der hert

corkscrew
der Korkenzieher
*der **kor**-ken-**tsee**-her*

cup
die Tasse
*dee **tas**-e*

duvet
das Federbett
*das **fe**-er-bet*

fork
die Gabel
*dee **ga**-bel*

frying pan
die Bratpfanne
*dee **brat**-pfan-e*

glass
das Glas
das glas

kitchen
die Küche
*dee **kewkh**-e*

kitchen sink
die Spüle
*dee **shpewl**-e*

AROUND THE HOUSE

knife
das Messer
*das **mes**-er*

matches
die Streichhölzer
*dee **shtrykh**-hoel-tser*

mirror
der Spiegel
*der **shpee**-gel*

oven
der Ofen
*der **oa**-fen*

refrigerator
der Kühlschrank
*der **kewl**-shrank*

saucepan
die Pfanne
dee pfan-e

sheet
das Bettuch
*das **bet**-tookh*

spoon
der Löffel
*der **loef**-el*

table
der Tisch
der tish

tin opener
der Dosenöffner
*der **doa**-sen-**oef**-ner*

toilet
die Toilette
*dee toy-**let**-e*

vacuum cleaner
der Staubsauger
*der **shtowb**-sow-ger*

washing machine
die Waschmaschine
*dee **vash**-ma-**sheen**-e*

washing powder
das Waschpulver
*das **vash**-pul-fer*

CHECKING OUT

We'll be leaving around mid-day
Wir werden mittags abfahren
*veer **verd**-en **mit**-ags **ab**-far-en*

I must depart right away
Ich muß sofort abfahren
*ikh mus so-**fort** **ab**-far-en*

The bill for room ... please
Die Rechnung für Zimmer ... bitte
*dee **rekh**-noong fewr **tsim**-er ... bit-e*

Is everything included?
Ist alles einbegriffen?
*ist **al**-es yn-be-**grif**-en*

What is this amount for?
Wofür steht dieser Betrag?
vo**-fewr shtet **dees**-er be-**trag

Do you take travellers' cheques?
Wechseln Sie Reiseschecks?
***vekhs**-eln zee **ry**-se-sheks*

Thank you for a very pleasant stay
Vielen Dank für den angenehmen Aufenthalt
***feel**-en dank fewr den an-ge-**naym**-en **owf**-ent-halt*

CHANGING MONEY

Where's the nearest (bank) ...?
Wo ist die nächste (Bank) ...?
*voa ist dee **nekhst**-e (bank) ...*

... currency exchange office
... die Wechselstube
*... dee **vekh**-sel-**stoob**-e*

I want to change some dollars
Ich möchte Dollars umtauschen
*ikh **moekht**-e **dol**-ars **oom**-towsh-en*

Do you change travellers' cheques?
Wechseln Sie Reiseschecks?
***vekhs**-eln zee **ry**-se-sheks*

Will you take (a personal cheque) ...?
Akzeptieren Sie (einen Scheck) ...?
*ak-tsep-**teer**-en zee (**yn**-en shek) ...*

... this credit card
... diese Kreditkarte
*... **dees**-e kre-**dit**-kart-e*

I have a credit (bank) card
Ich habe eine Kreditkarte / eine Bankkarte
*ikh **hab**-e **yn**-e kre-**dit**-kart-e / **yn**-e **bank**-kart-e*

CHANGING MONEY

What's (the exchange rate) ...?
Wie ist der Kurs ...?
vee ist der koors ...

... your commission
... Ihre Kommission
... ***eer**-e ko-mee-**syon***

Can you give me some change?
Können Sie mir etwas Kleingeld geben?
***koen**-en zee mir **et**-vas **klyn**-geld **geb**-en*

Can you telex my bank...?
Können Sie meiner Bank ein Telex schicken?
*koen-en zee **myn**-er bank yn **te**-leks **shik**-en*

I'm expecting some money from ...
Ich erwarte Geld von ...
*ikh er-**vart**-e geld fon ...*

... Australia, Canada
... Australien, Kanada
*... ows-**tra**-li-en, **ka**-na-da*

Has it arrived?
Ist es angekommen?
*ist es **an**-ge-**kom**-en*

AT THE CHEMISTS

> You can buy medicine only in pharmacies (Apotheken). For some kinds of medication you need a doctor's prescription. Other articles you can buy in drugstores (Drogeriemarkt) and supermarkets (Supermarkt).

Where's the nearest ... chemist?
Wo ist die nächste Apotheke ...?
*voa ist dee **nekst**-e **a-po-tayk**-e ...*

... (all-night) ...
... (mit Nachtdienst)
*... (mit **nakht**-deenst)*

Can you make up this prescription?
Können Sie dieses Rezept ausfüllen?
***koen**-en zee **dees**-es re-**tsept** **ows**-fewl-en*

Can I get this without a prescription?
Kann ich das ohne Rezept bekommen?
*kan ikh das **oan**-e re-**tsept** be-**kom**-en*

Can you give me something for ...?
Können Sie mir etwas für ... geben?
***koen**-en zee mir **et**-vas fewr ... **gayb**-en*

AT THE CHEMIST'S

... constipation, diarrhoea
... Verstopfung, Durchfall
... *fer-**shtopf**-oong, **doorkh**-fal*

... headache, indigestion
... Kopfweh, Verdauungsprobleme
... ***kopf**-vay, fer-**dow**-oongs-pro-**blaym**-e*

... insect bites, sunburn
... Instektenstiche, Sonnenbrand
... *in-**sekt**-en-**shtikh**-e, **son**-en-**brand***

... travel sickness, upset stomach
... Reiseübelkeit, verdorbenen Magen
... ***ry**-se-**ew**-bel-kyt, fer-**dorb**-en-en **mag**-en*

... a sore throat, chapped lips
... Halsweh, aufgesprungene Lippen
... ***hals**-vay, **owf**-ge-shproong-en-e **lip**-en*

I want (some baby food), a dummy ...
Ich möchte (Babynahrung), einen Schnuller ...
*ikh **moekht**-e (**be**-bi-nar-oong), **yn**-en **shnool**-er ...*

... a feeding bottle, some nappies
... eine Babyflasche, Windeln
... ***yn**-e **be**-bi-flash-e, **vin**-deln*

TOILETRIES

aftershave
das Rasierwasser
das ra-zeer-vas-er

antihistamine
das Antihistamin
das an-ti-his-ta-meen

antiseptic
das Antiseptikum
das an-tee-sep-tee-koom

aspirin
das Aspirin
das as-pi-reen

bandage
der Verband
der fer-bant

bubble bath
das Schaumbad
das showm-bad

cleansing milk
die Reinigungsmilch
dee ry-nee-goongs-milkh

a comb
einen Kamm
yn-en kam

contraceptive
das Verhütungsmittel
das fer-hew-toongs-mit-el

cotton wool
die Watte
dee vat-e

deodorant
das Deodorant
das day-oa-dor-ant

disinfectant
das Desinfektionsmittel
des-in-fekts-yons-mit-el

ear drops
die ohrentropfen
dee oa-ren-tropf-en

an Elastoplast
ein Pflaster
pflas-ter

TOILETRIES

eye shadow
der Lidschatten
*der **lit**-shat-en*

foot powder
der Fußpuder
*der **foos**-poo-der*

a hairbrush
eine Haarbürste
***yn**-e **har**-bewrs-te*

hair spray
das Haarspray
*das **har**-shrpray*

lip salve
der Lippenbalsam
*der **lip**-en-bal-sam*

mouthwash
die Mundspülung
*dee **moont**-spew-loong*

nail file
die Nagelfeile
*dee **na**-gel-**fyl**-e*

nail varnish ...
der Nagellack ...
*der **na**-gel-**lak** ...*

... remover
... entferner
*... ent-**fayrn**-er*

nose spray
das Nasenspray
*das **na**-sen-spray*

perfume
das Parfüm
*das par-**fewm***

powder
der Puder
*der **poo**-der*

razor blades
die Rasierklingen
*dee ra-**zeer**-kling-en*

safety pins
die sicherheitsnadeln
*sikh-er-hyts-**na**-deln*

130

TOILETRIES

sanitary towels
die Binden
*dee **bin**-den*

shampoo
das Haarschampoo
*das **har**-sham-poa*

shaving cream
die Rasiercreme
*dee ra-**zeer**-kraym*

sleeping pills
die Schlaftabletten
*dee **shlaf**-ta-**blet**-en*

soap
die Seife
*dee **syf**-e*

sponge
der Schwamm
der shvam

sun cream
die Sonnencreme
*dee **son**-en-**krem**-e*

suntan oil
das Sonnenöl
*das **son**-en-**oel***

talcum powder
der Körperpuder
*der **koer**-per-**poo**-der*

tampons
die Tampons
*dee **tam**-pons*

tissues (Kleenex)
die Taschentücher
*dee **tash**-en-**tewkh**-er*

toilet paper
das Toilettenpapier
*das toi-**let**-en-pa-peer*

toothbrush
die Zahnbürste
*dee **tsan**-**bewrst**-e*

toothpaste
die Zahnpasta
*dee **tsan**-**pas**-ta*

CLEANING CLOTHES

Where is the nearest launderette / ...?
Wo ist der nächste Waschsalon ...?
*voa ist der **nekst**-e **vash**-sa-loa ...*

... laundry, dry cleaner
... der Waschsalon, die Reinigung
*... der **vash**-sa-loa, dee **ry**-nee-goong*

I'd like these clothes ...
Ich hätte gerne diese Kleider ...
*ikh **het**-e **gern**-e **dees**-e **kly**-der ...*

... to be cleaned, pressed, washed
... gereinigt, gebügelt, gewaschen
*... ge-**ry**-nigt, ge-**bew**-gelt, ge-**vash**-en*

Can you get out this stain?
Können Sie diesen Fleck herausbringen?
***koen**-en zee **dees**-en flek he-**rows**-bring-en*

... it's coffee, fruit juice, grease, wine
... es ist Kaffee, Fruchtsaft, Fett, Wein
*... es ist **ka-fay**, **frukht**-saft, fet, vyn*

There's a hole in this ...
In diesem ... ist ein Loch
*in **dee**-sem ... ist yn lokh*

CLEANING CLOTHES

Do you do invisible mending?
Kann man bei Ihnen auch kunststopfen lassen?
*kan man by **ee**-nen owkh **koonst**-shtopf-en **las**-en*

When will they be ready?
Wann werden sie fertig sein?
*van **verd**-en zee **fer**-tig syn*

I need them by (tonight) ...
Ich brauche sie bis (heute abend) ...
*ikh **browkh**-e zee bis (**hoyt**-e **a**-bend) ...*

... tomorrow, before ...
... morgen, vor ...
*... **mor**-gen, for ...*

This isn't mine. Is my laundry ready?
Das ist nicht meins. Ist meine Wäsche fertig?
*das ist nikht myns. ist **myn**-e **vesh**-e **fer**-tig?*

There's a button (something) missing
Da fehlt ein Knopf (etwas)
*da faylt yn knopf (**et**-vas)*

Can you sew on this button?
Können Sie diesen Knopf annähen?
***koen**-en zee **dees**-en knopf **an**-nay-hen*

BUYING CLOTHES

I want something for ...
Ich hätte gerne etwas für ...
*ikh **het**-e **gern**-e **et**-vas fewr ...*

... a ten-year-old boy (girl)
... eine(n) Zehnjährige(n)
*... **yn**-e(n) **tsen**-jay-rig-e(n)*

... him / her, to match this
... ihm / ihr, passend zu diesem
*... eem / eer, **pas**-end tsoo **dees**-em*

Have you anything in ...?
Haben Sie etwas in ...?
***hab**-en zee **et**-vas in ...*

... the same colour as this
... die selbe Farbe wie diese
*... dee **selb**-e **far**-be vee **dees**-e*

... wool, cotton, leather
... die Wolle, die Baumwolle, das Leder
*... dee **vol**-e, dee **bowm**-vol-e, das **lay**-der*

Where's the fitting room?
Wo sind die Umkleidekabinen?
*voa sind dee **oom**-kly-de-ka-**been**-en*

BUYING CLOTHES

I like (the one in the window) ...
Ich hätte gerne (das im Schaufenster) ...
*ikh **het**-e **gern**-e (das im **show**-fens-ter) ...*

I'd like something ...
Ich hätte gerne etwas ...
*ikh **het**-e **gern**-e **et**-vas ...*

... darker, lighter
... dunkler, heller
*... **dunk**-ler, **hel**-er*

... thicker, thinner
... dicker, dünner
*... **dik**-er, **dewn**-er*

It's too ... long, short
Es ist zu ... lang, kurz
es ist tsoo ... lang, koorts

... loose, tight
... weit, eng
... vyt, eng

Do you have the same in ...? (*see next pages*)
Haben Sie dasselbe in ...?
***ha**-ben zee das-**sel**-be in ...*

Clothes sizes

Women – dresses, suits

UK	8	10	12	14	16	18	20	22	24	26
Eur	34	36	38	40	42	44	46	48	50	52

Men – suits, overcoats

UK	36	38	40	42	44	46	48	50	52
Eur	46	48	50	52	54	56	58	60	62

Women – stockings

UK	8	8½	9	9½	10	10½
Eur	0	1	2	3	4	5

and shoes

UK	4½	5	5½	6	6½	7	7½
Eur	37	38	39	39/40	40	41	41/42

Men – shoes

UK	6	7	8	8½	9	9½	10	10½	11
Eur	39	41	42	43	43	44	45	46	46

Men – shirts

UK	14	14½	15	15½	16	16½	17	17½	18
Eur	36	37	38	39	41	42	43	44	45

COLOURS

beige
beige
bayzh

black
schwarz
shvarts

blue
blau
blow

brown
braun
brown

golden
golden
***gol**-dern*

green
grün
grewn

grey
grau
grow

orange
orange
*or-**rahng**-zher*

pink
rosa
***roa**-sa*

purple
violett
*viol-**leht***

red
rot
rot

silver
silber
***sil**-ber*

white
weiß
vys

yellow
gelb
gelb

Garments

belt
der Gürtel
*der **gewr**-tel*

blouse
die Bluse
*dee **bloos**-e*

bra
der B-H
*der bay-**ha***

bracelet
das Armband
***arm**-bant*

brooch
die Brosche
*dee **brosh**-e*

button
der Knopf
der knopf

cardigan
die Strickjacke
*dee **shtrik**-jak-e*

coat
der Mantel
*der **man**-tel*

corduroy
der Cord
der kord

denim
der Jeansstoff
*der **tsheens**-shtof*

dress
das Kleid
das klyd

dungarees
die Latzhose
*dee **lats**-hoaz-e*

earrings
die Ohrringe
*dee **oar**-ring-e*

fur
der Pelz
der pelts

GARMENTS

gloves
die Handschuhe
*dee **hand**-shoo-e*

handbag
die Handtasche
*dee **hand**-tash-e*

handkerchief
das Taschentuch
*das **tash**-en-tookh*

hat
der Hut
der hoot

jacket
die Jacke
*dee **jak**-e*

jeans
die Jeans
dee tsheens

jersey
der Pulli
*der **pool**-i*

lace
die Spitze
*dee **shpits**-e*

leather
das Leder
*das **lay**-der*

linen
das Leinen
*das **lyn**-en*

necklace
die Halskette
*dee **hals**-ket-e*

night-dress
das Nachthemt
*das **nakht**-hemt*

panties
die Unterhosen
*dee **oon**-ter-**hoa**-sen*

pullover
der Pullover
*der pool-**oaf**-er*

Garments

purse
der Geldbeutel
*der **geld**-boy-tel*

pyjamas
der Schlafanzug
*der **shlaf**-an-tsoog*

raincoat
der Regenmantel
*der **ray**-gen-**man**-tel*

ring
der Ring
der ring

scarf
der Schal
der shal

shirt
das Hemt
das hemt

shoe(s)
der (die) Schuhe
*der (dee) **shoo**-h-e*

shorts
die kurze Hosen
*dee **koorts**-e **hoaz**-en*

silk
die Seide
*dee **syd**-e*

skirt
der Rock
der rok

slip
der Unterrock
*der **oon**-ter-rok*

stockings
die Strümpfe
*dee **shtrewmpf**-e*

suit (men's)
der Anzug
*der **an**-tsoog*

suit (women's)
das Kostüm
*das kos-**tewm***

GARMENTS

swimming trunks
die Badehose
*dee **bad**-e-hoaz-e*

swimsuit
der Badeanzug
*der **bad**-e-an-tsoog*

T-shirt
das T-Shirt
*das **tee**-shoert*

tie
die Krawatte
*dee kra-**vat**-e*

tights
die Strumpfhose
*dee **shtroompf**-hoaz-e*

towel
das Handtuch
*das **hant**-tookh*

trousers
die Hose
*dee **hoaz**-e*

umbrella
der Schirm
der shirm

velvet
der Samt
der zamt

vest
das Unterhemt
*das **oon**-ter-hemt*

wallet
die Brieftasche
*dee **breef**-tash-e*

watch
die Armbanduhr
*dee **arm**-bant-oohr*

wool
die Wolle
*dee **vol**-e*

zip
der Reißverschluß
*der **rys**-fer-shloos*

GIFTS AND SOUVENIRS

I'd like to buy ... (a gift) ...
Ich möchte gerne ... (ein Geschenk) ... kaufen
*ikh **moekht**-e **gern**-e ...(yn ge-**shenk**) **kowf**-en*

... a postcard, a souvenir ...
... eine Ansichtskarte, ein Souvenir ...
... *yn-e **an**-sikhts-**kart**-e, yn soo-vay-**neer** ...*

... a baseball-cap, a T-Shirt ...
... eine Baseballmütze, ein T-Shirt ...
... *yn-e **bays**-boal-**mewt**-se, yn **tee**-shoert ...*

... for my (self)
... für meine(n) (mich)
... *fewr **myn**-e(n) (mikh)*

... my mother, daughter, sister
... meine Mutter, Tochter, Schwester
... ***myn**-e **moo**-ter, **tokh**-ter, **shves**-ter*

... my father, son, brother
... meinen Vater, Sohn, Bruder
... ***myn**-en **fa**-ter, soan, **broo**-der*

... a friend (male / female)
... einen Freund / eine Freundin
... ***yn**-en froynd / **yn**-e **froynd**-in*

GIFTS AND SOUVENIRS

He (she) likes (antiques), ceramics
Er (sie) mag (Antiquitäten), Töpferware
*er (zee) mag (an-ti-kvi-**tayt**-en), **toepf**-er-war-e*

candles, chocolate, pralinés
Kerzen, Schokolade, Pralinen
***ker**-tsen, sho-ko-**lad**-e, pra-**lee**-nen*

cooking, glass, jewellery
Kochen, Glaswaren, Schmuck
***kokh**-en, **glas**-va-ren, shmook*

a dirndl (Bavarian dress), flowers, perfume
ein Dirndl, Blumen, Parfüm
*yn deerndl, **bloo**-men, par-**fewm***

knitwear, leather, needlework, silk
Strickwaren, Leder, Näharbeiten, Seide
***shtrik**-va-ren, **lay**-der, **nay**-ar-by-ten, **syd**-e*

silver, woodwork
Silber, Holzarbeiten
***sil**-ber, **holts**-ar-by-ten*

wine (red, white, rose)
Wein (rot, weiß, rosé)
*vyn (rot, vys, ros-**ay**)*

Gifts and Souvenirs

a hat, a scarf, a tie
ein Hut, ein Schal, eine Krawatte
*yn hoot, yn shal, **yn**-e kra-**vat**-e*

a beer stein, leather trousers
ein Bierblas, Lederhosen
*yn **beer**-glas, **lay**-der-hoa-sen*

a cuckoo-clock, a watch
eine Kuckucksuhr, eine Uhr
***yn**-e **koo**-kooks-oor, **yn**-e oor*

a musical box, a Tyrolean hat
ein Spieldose, ein Tirolerhut
*yn **shpeel**-doa-s-e, yn tee-**roa**-ler-**hoot***

a ball, a bike, a board-game
ein Ball, ein Fahrrad, ein Spiel
*yn bal, yn **fa**-rad, yn shpeel*

miniature cars, play-dough
Spielzeugautos, Knetmasse
***shpeel**-tsoyg-**ow**-tos, **knayt**-mas-e*

a rocking horse, toys, a yo-yo
ein Schaukelpferd, Spielzeug, ein Jojo
*yn **show**-kel-pferd, **shpeel**-tsoyg, yn **jo**-jo*

AT THE HAIRDRESSER'S

Where's the (best) ...?
Wo ist der (beste) ...?
*voa ist der (**best**-e) ...*

... nearest, barber, hairdresser
... der nächste, Friseur, Friseursalon
*... der **neks**-te, free-**soer**, free-**soer**-sa-loa*

I'd like a haircut, please
Ich möchte bitte einen Haarschnitt
*ikh **moekht**-e **bit**-e **yn**-en **har**-shnit*

I would like it (permed) ...
Ich möchte gerne (eine Dauerwelle) ...
*ikh **moekht**-e **gern**-e (**yn**-e **dow**-er-vel-e) ...*

... blow-dried ...
... geföhnt ...
*... ge-**foent** ...*

... a shampoo and set ...
... Waschen und Legen ...
*... **vash**-en oont **lay**-gen ...*

... my hair coloured
... mein Haar gefärbt haben
*... myn har ge-**ferpt ha**-ben*

At the hairdresser's

Can I make an appointment for ...?
Kann ich einen Termin für ... haben?
*kan ikh **yn**-en ter-**meen** fewr ... **ha**-ben*

... this afternoon
... diesen Nachmittag
... ***dee**-sen **nakh**-mit-ag*

... tomorrow morning
... morgen früh
... ***mor**-gen frew*

... three o'clock today
... neute um drei Uhr
... ***hoyt**-e oom dry oor*

I want it cut and shaped ...
Ich möchte es geschnitten und gelegt haben ...
*ikh **moekht**-e es ge-**shni**-ten oont ge-**legt ha**-ben*

... with a fringe
... mit einem Pony
... *mit **yn**-em **po**-ni*

... don't take off too much
... bitte schneiden Sie nicht zu viel ab
... ***bit**-e **shny**-den zee nikht tsoo feel ab*

AT THE HAIRDRESSER'S

I just want it trimmed
Ich möchte es nur etwas kürzer
*ikh **moekht**-e es noor **et**-vas **kewr**-tser*

Please use shampoo ...
Bitte benützen Sie Schampoo ...
*bit-e be-**new**-tsen zee sham-**poa** ...*

... anti-dandruff, dry, normal, oily
... gegen Schuppen, trocken, normal, fett
*... **gay**-gen **shoo**-pen, **trok**-en, nor-**mal**, fet*

Please use a conditioner
Bitte benützen Sie eine Spülung
*bit-e be-**newts**-en zee **yn**-e **shpew**-loong*

The (water), dryer is too (hot), cold
(Das Wasser), der Fön ist zu (heiß), kalt
*(das **vas**-er), der foen ist tsoo (hys), kalt*

A little more off the ...
Ein bißchen weniger an der / den ...
*yn **bis**-khen **vay**-ni-ger an der / den ...*

... back, neck, sides, top
... hinten, der Nacken, die Seiten, oben
*... **hin**-ten, der **nak**-en, dee **sy**-ten, **o**-ben*

147

AT THE HAIRDRESSER'S

Please trim my ...
Bitte stutzen Sie mein / meine(n) ...
*bit-e **stoo**-tsen zee myn / **myn**-e(n) ...*

... beard, moustache, sideburns
... der Bart, der Schnurrbart, die Koteletten
*... der bart, der **shnoor**-bart, dee ko-t-**let**-en*

Please set it (without rollers) ...
Bitte legen Sie es (ohne Lockenwickler) ...
*bit-e **lay**-gen zee es (**oan**-e lok-en-**vik**-ler) ...*

... on (large), small rollers
... auf (große), kleine Lockenwickler
*... owf (**gros**-e), **klyn**-e lok-en-**vik**-ler*

Please do not use any hair spray
Bitte benützen Sie kein Haarspray
*bit-e be-**newts**-en zee kyn **har**-shprey*

That's fine thank you
Das ist sehr schön, danke
*das ist sayr shoen, **dank**-e*

How much is that? Thank you
Wieviel macht das? Danke
***vee**-feel makht das? **dank**-e*

PHOTOGRAPHY

Have you a film (cartridge), video cassette ...
Haben Sie einen Film, eine Videokassette
ha-ben zee y-nen film, yn-e vee-de-o-ka-set-e

... for this camera, black and white
... für diese Kamera, schwarz-weiß
... fewr dees-e ka-me-ra, shvarts-vys

... colour print, colour negative, colour slide
... Farbabzug, Farbnegativ, Farb-Dia
... farb-ab-tsoog, farb-nay-ga-tif, farb-dee-a

... for (artificial), natural light
... für (künstliches), natürliches Licht
... fewr (kewnst-likh-es), na-tewr-likh-es likht

... fast, slow
... schnell, langsam
... shnel, lang-sam

... this DIN number
... diese DIN Nummer
... dees-e din noo-mer

... including processing
... inklusive Entwicklung
... in-kloo-seef-e ent-vik-loong

PHOTOGRAPHY

How much (for developing) ...?
Wieviel kostet (das Entwickeln)...?
vee-feel *kos*-tet (das ent-*vik*-eln)...

Cartridge, roll film
eine kassette, eine Filmrolle
yn-e ka-*set*-e, *yn*-e *film*-rol-e

36 exposures
sechsunddreissig Belichtungen
zeks-oont-drys-ig be-*likh*-toong-en

Please fit the film in the camera
Bitte legen Sie den Film in die Kamera ein
bit-e *lay*-gen zee den film in dee *ka*-me-ra yn

The film is jammed
Der Film klemmt
der film klemt

I'd like this film developed ...
Ich hätte gerne diesen Film entwickelt ...
*ikh **het**-e **gern**-e **dee**-sen film ent-vik-elt ...*

... and printed
... und abgezogen
*... oont ab-ge-**tsoa**-gen*

150

PHOTOGRAPHY

I want (a print) ...
Ich möchte (einen Abzug) ...
*ikh **moekh**-te (**y**-nen ab-**tsoog**) ...*

... of each negative
... von jedem Negativ
*... fon **jay**-dem **nay**-ga-tif*

... enlargement
... Vergrößerung
*... fer-**groe**-ser-oong*

... with a matte (glossy) finish
... matter Abzug (Glanzabzug)
*... **mat**-er **ab**-tsoog (**glants**-ab-tsoog)*

What sizes are available?
Welche Größen kann man hier machen lassen?
***velkh**-e **groes**-en kan man heer **makh**-en **las**-en*

When will they be ready?
Wann werden sie fertig sein?
*van **ver**-den zee **fayr**-tig syn*

Do you have flash cubes ...?
Haben Sie Blitzlichtwürfel ...?
***ha**-ben zee **blits**-likht-**vewr**-fel ...*

PHOTOGRAPHY

... bulbs, batteries like this?
... Glühbirnen, Batterien wie diese?
... *glew-bir-nen, ba-ter-een vee dees-e*

I want a camera
Ich hätte gerne eine Kamera
ikh het-e gern-e yn-e kam-e-ra

... for a child to use
... für ein Kind
... *fewr yn kint*

... automatic, cheap
... automatisch, billig
... *ow-to-ma-tish, bil-ig*

The one in the window
Die im Schaufenster
im show-fen-ster

Do you take passport photos?
Machen Sie Paßfotos?
makh-en zee pas-foa-tos

Can you do it now?
Können Sie das jetzt machen?
koen-en zee das jetsh makh-en

PHOTOGRAPHIC TERMS

accessory
der Zusatzteil
*der **tsoo**-sats-**tyl***

aperture
die Blende
*dee **blend**-e*

battery
die Batterie
*dee bat-e-**ree***

blue (red) filter
der Blau(Rot)filter
*der **blow(rot)**-fil-ter*

cable release
der Fernauslöser
*der **fern**-ows-loes-er*

camcorder
die Videokamera
*dee **vee**-day-o-**kam**-er-a*

camera case
das Kameraetui
*das **kam**-er-a-e-too-i*

cartridge
die Patrone
*dee pa-**troan**-e*

cassette
die Kassette
*dee kas-**et**-e*

cine camera
die Filmkamera
*dee **film**-**ka**-me-ra*

depth of field
das Bildtiefe
*das **bilt**-teef-e*

distance (also focal ~)
die Entfernung
*dee ent-**fayr**-noong*

enlargement
die Vergrößerung
*dee fer-**groes**-er-oong*

exposure
die Belichtung
*dee be-**likh**-toong*

153

PHOTOGRAPHIC TERMS

exposure meter
der Belichtungsmesser
*der be-**likh**-toongs-**mes**-er*

film winder
die Filmspule
*dee **film**-shpool-e*

flash (bulb)
die Blitz(lichtbirne)
*dee **blits**(-likht-**birn**-e)*

flash cube
der Blitzlichtwürfel
*der **blits**-likht-**vewr**-fel*

focus
der Brennpunkt
*der **bren**-poonkt*

in focus
scharf eingestellt
*sharf yn-ge-**shtelt***

image
die Abbildung
*dee **ap**-bil-doong*

lens (cap)
die Linse(ndeckel)
*dee **lins**-e(n-**dek**-el)*

negative
das Negativ
*das **nay**-ga-**teef***

out of focus
unscharf
***oon**-sharf*

over-exposed
überbelichtet
*ew-ber-be-**likht**-et*

picture
das Bild
das bilt

print
der Abzug
*der **ap**-tsoog*

projector
der Projektor
*der proa-**jek**-tor*

154

PHOTOGRAPHIC TERMS

range finder
der Entfernungsmesser
*der ent-**fer**-noongs-**mes**-er*

reel
die Spule
*dee **shpool**-e*

shade
der Schatten
*der **shat**-en*

shutter
der Verschluß
*der fer-**shloos***

shutter speed
die Belichtungszeit
*dee be-**likh**-toongs-**tsyt***

telephoto lens
der Teleobjektiv
*der **tay**-le-ob-jek-**teef***

transparency (slide)
das Dia
*das **dee**-a*

tripod
das Stativ
*das shta-**teef***

under-exposed
unterbelichtet
***oon**-ter-be-**likh**-tet*

viewfinder
der Sucher
*der **zoo**-kher*

wide-angle lens
der Weitwinkelobjektiv
*der **vyt**-vin-kel-op-jek-**teef***

yellow filter
der Gelbfilter
*der **gelp**-fil-ter*

POST IT!

Where is the post box?
Wo ist der Postkasten?
*voa ist der **post**-kas-ten*

Is there a post office near here?
Gibt es in der Nähe ein Postamt?
*gipt es in der **nay**-he yn **post**-amt*

Which window do I go to for ...?
An welchen Schalter muß ich für ... gehen?
*un **vel**-khen **shal**-ter mus ikh fewr ... **gay**-hen*

stamps, telegrams
Briefmarken, Telegramme
***breef**-mar-ken, tay-le-**gram**-e*

money orders
Geldbestellungen
***geld**-be-**shtel**-oong-en*

I want to send a cable / telex
Ich möchte ein Telegramm / Telex senden
*ikh **moekht**-e yn **tay**-le-gram / **tay**-leks **sen**-den*

reply paid / overnight (of telegrams, etc)
vom Empfänger bezahlt / über Nacht
*fom em-**pfeng**-er be-**tsalt** / **ew**-ber nakht*

POST IT!

How much is it per word?
Wieviel kostet es pro Wort?
*vee-feel **kos**-tet es proa vort*

Please can you give me a form?
Bitte können Sie mir ein Formular geben?
***bit**-e **koe**-nen zee mir yn for-moo-**lar gay**-ben*

How much for a letter (this card) to ...?
Wieviel kostet ein Brief (diese Karte) nach...?
*vee-feel **kos**-tet yn breef (dees-e **kart**-e) nakh ...*

I want to send this package to ...
Ich möchte dieses Paket nach ... senden
*ikh **moekht**-e **dee**-ses pa-**ket** nakh ... **sen**-den*

Ireland, New Zealand, Scotland, Wales
Irland, Neuseeland, Schottland, Wales
***eer**-land, noy-**say**-land, **shot**-land, vayls*

by air mail / express / registered
per Luftpost / Eilpost / Einschreiben
*per **looft**-post / **yl**-post / **yn**-shry-ben*

Is there any mail for me? I am ...
Ist Post für mich angekommen? Ich bin ...
*ist post fewr mikh an-ge-**kom**-en? ikh bin ...*

Accidents and Injuries

There's been an accident
Es hat einen Unfall gegeben
*es hat **y**-nen **oon**-fal ge-**gay**-ben*

There is a fire!
Es brennt!
es brent

My child has had a fall
Mein Kind ist gestürzt
*myn kind ist ge-**shtewrtst***

There has been a car crash
Es hat einen Autounfall gegeben
*es hat **yn**-en **ow**-to-oon-fal ge-**gay**-ben*

Call the police (motorway police)
Rufen Sie die Polizei (Autobahnpolizei)
***roo**-fen zee dee po-**lee**-tsy (**ow**-to-ban-**po**-lee-tsy)*

Call the fire brigade ...
Rufen Sie die Feueswehr ...
*roo-fen zee dee **foy**-er-vayr*

... an ambulance, a doctor
... einen Krankenwagen, einen Arzt
*... **yn**-en **krank**-en-**va**-gen, **y**-nen artst*

158

ACCIDENTS AND INJURIES

May I see your insurance certificate?
Kann ich Ihren Versicherungsschein sehen?
*kan ikh **ee**-ren fer-**sikh**-er-oongs-shyn **say**-hen*

I want a copy ...
Ich möchte eine Kopie ...
*ikh **moekht**-e **yn**-e ko-**pee** ...*

... of the police report
... des Polizeiberichtes
*... des po-lee-**tsy**-be-**rikht**-es*

the owner's name and address
der Name und die Adresse des Eigentümers
*der **nam**-e oont dee a-**dres**-e des **y**-gen-**tew**-mers*

Are you willing to be a witness?
Sind Sie bereit, als Zeuge aufzutreten?
*sind zee be-**ryt**, als **tsoy**-ge owf-tsoo-**tray**-ten*

Where is the (American) consulate ?
Wo ist das (amerikanische) Konsulat?
*voa ist das (**a**-mer-i-**ka**-nish-e) kon-soo-**lat***

The car did not stop
Das Auto stoppte nicht
*das **ow**-to **stopt**-e nikht*

Accidents and injuries

First aid quickly!
Schnell, leisten Sie Erste Hilfe!
*shnel, **lys**-ten zee **erst**-e **hilf**-e*

(He), she is (badly injured) ...
(Er), Sie ist (schwer verletzt) ...
*(er), zee ist (shver fer-**letst**) ...*

... losing blood, unconscious ...
... verliert Blut, bewußtlos ...
*... fer-**leert** bloot, be-**voost**-loas ...*

... has hurt his (her) head
... hat seinen (ihren) Kopf verletzt
*... hat **sy**-nen (**ee**-ren) kopf fer-**letst***

I've been bitten by a (dog), insect
Ein (Hund), Insekt hat mich gebissen
*yn (hoont), in-**sekt** hat mikh ge-**bis**-en*

I've broken my arm
Ich habe meinen Arm gebrochen
*ikh **hab**-e **myn**-en arm ge-**brokh**-en*

She has burnt herself
Sie hat sich verbrannt
*see hat sikh ver-**brant***

At the dentist's

I must see a dentist ...
Ich muß zu einem Zahnarzt ...
*ikh mus tsoo **y**-nem **tsan**-artst ...*

... as soon as possible
... sobald wie möglich
*... so-**bald** vee **moeg**-likh*

Can you give me an appointment for ...?
Können Sie mir einen Termin für ... geben?
***koe**-nen zee mir **y**-nen ter-**meen** fewr ... **gay**-ben*

No sooner than that?
Geht es nicht früher?
*gayt es nikht **frew**-her*

This tooth hurts ...
Dieser Zahn tut weh ...
***dee**-ser tsan toot vay ...*

I've lost a filling
Ich habe eine Plombe verloren
*ikh **hab**-e yn-e **plomb**-e fer-**lor**-en*

Can you fill it?
Können Sie es plombieren?
***koe**-nen zee es plom-**bee**-ren*

At the dentist's

I have broken (chipped)
Ich habe ... gebrochen
*ikh **hab**-e ... ge-**brokh**-en*

... my dentures, this tooth
... mein Gebiß, dieser Zahn
*... myn ge-**bis**, **dee**-ser tsan*

I do not want the tooth out
Ich möchte den Zahn nicht gezogen haben
*ikh **moekht**-e den tsan nikht ge-**tso**-gen **ha**-ben*

Can you fix it (temporarily), now?
Können sie ihn (vorläufig), jetzt reparieren?
koen-en zee een (for-loy-fikh), jetst re-pa-ree-ren

Could you give me an anaesthetic?
Können Sie mir eine Narkose geben?
koen-en zee mir yn-e nar-koas-e gay-ben

*ikh **verd**-e **ee**-re **tsayn**-e **roent**-gen*
Ich werde Ihre Zähne röntgen
I will X-ray your teeth

*bit-e **spew**-len zee **ee**-ren moont ows*
Bitte spülen Sie Ihren Mund aus
Please rinse out your mouth

AT THE DOCTOR'S

Can you recommend a doctor?
Können Sie mir einen Arzt empfehlen?
*koen-en zee mir **y**-nen artst em-**pfay**-len*

Please call a doctor
Bitte rufen Sie einen Arzt
***bit**-e **roo**-fen zee **y**-nen artst*

She banged her head
Sie hat sich den kopf angeschlagen
*zee hat sikh den kopf an-ge-**shla**-gen*

I am feeling faint
Ich fühle mich schwach
*ikh **fewl**-e mikh shvakh*

I have (difficulty breathing) ...
Ich habe (Schwierigkeiten beim Atmen) ...
*ikh **hab**-e (**shvee**-rikh-**ky**-ten bym **at**-men)*

... a pain in my chest, palpitations
... Schmerzen in meiner Brust, Herzrasen
*... **shmer**-tsen in **my**-ner broost, **herts**-ra-sen*

(I'm constipated), I have diarrhoea ...
(Ich bin verstopft), Ich habe Durchfall ...
*(ikh bin fer-**shtopft**), ikh **hab**-e **doorkh**-fal ...*

AT THE DOCTOR'S

I feel (dizzy), sick. I'm shivery
Mir ist (schwindlig), schlecht. Ich bin zitterig
*mir ist (**shvin**-dlikh), shlekht. ikh bin **tsi**-ter-ikh*

I can't eat (sleep)
Ich kann nicht essen (schlafen)
*ikh kan nikht **es**-en (**shla**-fen)*

My nose keeps bleeding
Meine Nase hört nicht auf zu bluten
***myn**-e **nas**-e hoert nikht owf tsoo **bloo**-ten*

I'm a diabetic
Ich bin Diabetiker
*ikh bin dee-a-**bay**-ti-ker*

I'm allergic to penicillin
Ich bin allergisch auf Penizillin
*ikh bin a-**ler**-gish owf pe-nee-tsi-**leen***

I am taking these drugs
Ich nehme diese Medikamente
*ikh **naym**-e **dees**-e **may**-di-ka-**ment**-e*

This is my usual medicine
Das sind meine gewöhnlichen Medikamente
*das sind **myn**-e ge-**voen**-likh-en may-di-ka-**ment**-e*

AT THE DOCTOR'S

My blood pressure (temperature) ...
Mein Blutdruck (Meine Temperatur) ...
*myn **bloot**-drook (**myn**-e tem-pe-ra-**toor**) ...*

... is too high (low)
... ist zu hoch (niedrig)
*... ist tsoo hokh (**nee**-drikh)*

I'm ... months pregnant
Ich bin ... Monate schwanger
*ikh bin ... **mo**-nat-e **shvan**-ger*

It's my second baby
Es ist mein zweites Baby
*es ist myn **tsvy**-tes **be**-bee*

I had a heart attack ...
Ich hatte einen Herzinfarkt ...
*ikh **hat**-e y-nen **herts**-in-farkt ...*

... years (months) ago
... vor Jahren (Monaten)
*... for **ja**-ren (**mo**-na-ten)*

Must I stay in bed?
Muß ich im Bett bleiben?
*mus ikh im bet **bly**-ben*

AT THE DOCTOR'S

Can I travel tomorrow?
Kann ich morgen weiterreisen?
*kan ikh **mor**-gen **vy**-ter-**ry**-sen*

When can I go home?
Wann darf ich nach Hause gehen?
*van darf ikh nakh **hows**-e **gay**-hen*

Do I need an operation?
Muß ich operiert werden?
*mus ikh o-pe-**reert ver**-den*

I do not know my blood group
Ich weiß nicht, welche Blutgruppe ich habe
*ikh vys nikht, **velkh**-e **bloot**-groop-e ikh **hab**-e*

Please tell my family
Bitte benachrichtigen sie meine Familie
***bit**-e be-**nakh**-rikt-tig-en zee **myn**-e fa-**meel**-y-e*

When can they visit?
Wann dürfen sie mich besuchen?
*van **dewr**-fen zee mikh be-**sookh**-en*

Here is my E111 form
Hier mein E Einhundertelf- Formular
*heer myn **ay-yn**-hoon-dert-**elf**-for-moo-**lar***

IN HOSPITAL

anaesthetic
die Narkose
*dee nar-**koas**-e*

bed, bedpan
das Bett,
die Bettpfanne
*das bet, dee **bet**-pfan-e*

blood transfusion
die Bluttransfusion
*dee bloot-trans-foo-**syon***

doctor
der Arzt /
der Doktor
*der artst / der **dok**-tor*

injection
die Spritze
*dee **shprits**-e*

maternity unit
Entbindungsstation
*dee ent-**bin**-doongs-shta-**tsyon***

medicine (pill)
die Medizin (Tablette)
*dee may-dee-**tseen**
(ta-**blet**)*

nurse (m / f)
die Krankenschwester
der Pfleger
*dee **kran**-ken-shves-ter
der **pflay**-ger*

operation
die Operation
*dee o-per-a-**tsyon***

patient (m / f)
der (die) Patient(in)
*der (dee)
pa-**tsyent**(in)*

surgeon (m / f)
der (die) Chirurg(in)
*der (dee) ki-**roorg***

thermometer
das thermometer
*das ter-moa-**may**-ter*

167

PARTS OF THE BODY

ankle
das Fußgelenk
*das **foos**-ge-lenk*

appendix
der Blinddarm
*der **blind**-darm*

artery
die Arterie
*dee ar-**tayr**-y-e*

arm
der Arm
der arm

back
der Rücken
*der **rewk**-en*

bladder
die Blase
*dee **blas**-e*

bone
der Knochen
*der **knokh**-en*

bowel
der Darm
der darm

breast
die Brust
dee broost

cheek
die Wange
*dee **vang**-e*

ear
das Ohr
das oar

elbow
der Ellbogen
*der **el**-boa-gen*

eye
das Auge
*das **owg**-e*

face
das Gesicht
*das ge-**sikht***

PARTS OF THE BODY

finger
der Finger
*der **fin**-ger*

foot
der Fuß
der foos

gland
die Drüse
*dee **drews**-e*

hand
die Hand
dee hant

heart
das Herz
das herts

joint
das Gelenk
*das ge-**lenk***

kidney
die Niere
*dee **neer**-e*

knee
das Knie
*das k-**nee***

leg
das Bein
das byn

liver
die Leber
*dee **lay**-ber*

lungs
die Lunge
*dee **loong**-e*

mouth
der Mund
der moont

muscle
der Muskel
*der **moos**-kel*

neck
der Hals
der hals

Parts of the body

nose
die Nase
*dee **naz**-e*

rib
die Rippe
*dee **rip**-e*

shoulder
die Schulter
*dee **shool**-ter*

skin
die Haut
dee howt

spine
die Wirbelsäule
*dee **vir**-bel-soyl-e*

stomach
der Magen
*der **ma**-gen*

thigh
der Oberschenkel
*der **oa**-ber-**shenk**-el*

thorax
der Brustkorb
*der **broost**-korb*

throat
der Hals
der hals

thumb
der Daumen
*der **dow**-men*

toe
die Zehe
*dee **tsay**-h-e*

tonsils
die Mandeln
*dee **man**-deln*

vein
die Adern
*dee **a**-dern*

wrist
das Handgelenk
*das **hant**-ge-lenk*

LOSS AND THEFT

Stop thief! Call the police!
Haltet den Dieb! Rufen Sie die Polizei!
hal-tet den deeb! roo-fen zee dee po-lee-tsy

Where's the (main) police station?
Wo ist die nächste (Haupt)Polizeistelle?
voa ist dee nekst-e (howpt)po-lee-tsy-stel-e

I want to report a theft
Ich möchte einen Diebstahl anzeigen
ikh moekht-e y-nen deeb-shtal an-tsy-gen

My car has been taken
Mein Auto wurde gestohlen
myn ow-to voord-e ge-shtoa-len

my wallet has been stolen
mein(e) Geldbörse wurde gestohlen
myn(-e) geld-boers-e voord-e ge-shtoa-len

I've lost my (handbag) ...
Ich habe meine (Handtasche) verloren ...
ikh hab-e myn-e (hand-tash-e) fer-loa-ren

... (money), pounds, dollars, credit cards
... (Geld), Pfund, Dollar, Kreditkarten
... (geld), pfoont, do-lar, kre-dit-kar-ten

EATING OUT – FAST FOOD

I'd like to have breakfast
Ich hätte gerne Frühstück
*ikh **het**-e **gern**-e **frew**-shtewk*

I want (orange) juice, bread ...
Ich möchte (Orangensaft), Brot ...
*ikh **moekht**-e (oa-**ran**-shen-saft), brot ...*

... grapefruit, tomato
... Grapefruitsaft, Tomatensaft
*... **grayp**-froot-saft, to-**ma**-ten-saft*

... coffee, (white) ...
... Kaffee, (weissen) ...
*... **ka-fay**, (**vys**-en) ...*

small, black, decaffeinated
kleinen, schwarzen, dekoffeinierten
***kly**-nen, **shvart**-sen, **day**-kof-e-i-**neer**-ten*

... tea with (milk), lemon, cream, sugar
... Tee mit (Milch), Zitrone, Sahne, Zucker
*... tay mit (milkh), tsi-**troan**-e, san-e, **tsoo**-ker*

... hot chocolate, herb-tea, fruit-tea
... Heiße Schokolade, Kräutertee, Früchtetee
*... **hys**-e sho-lo-**lad**-e, **kroy**-ter-tay, **frewkh**-te-tay*

172

EATING OUT – FAST FOOD

... bacon (ham) and eggs ...
... Speck (Schinken) und Eier ...
... *shpek (**shin**-ken) oont **y**-er* ...

... fried, soft boiled, scrambled egg
... Spiegelei, weichgekocht, Rührei
... ***shpee**-gel-y, **vykh**-ge-kokht, **rewr**-y*

... toast, (rolls), honey, butter
... Toast, (Brötchen / Semmel), Honig, Butter
... *toast, (**broet**-khen / **sem**-el), **hoa**-nig, **boot**-er*

... marmalade, jam
... Orangenmarmelade, marmelade
... *oa-**ran**-shen-**mar**-may-**lad**-e, **mar**-may-**lad**-e*

Give me one of those, please ...
Bitte geben Sie mir eins von diesen ...
***bit**-e **gay**-ben zee mir **yn**-e fon **dee**-sen ...*

... to the left (right), above, below
... links, rechts, oben, unten
... *links, rekhts, **o**-ben, **oon**-ten*

It's to take away
Es ist zum Mitnehmen
*es ist tsoom **mit**-nay-men*

173

EATING OUT – FAST FOOD

A sandwich with (cheese), ham
Ein Brötchen mit (Käse), Schinken
*yn **broet**-khen mit (**kes**-e), **shin**-ken*

... Black Forest ham
... Schwarzwälder Schinken
... ***shvarts**-vel-der **shin**-ken*

... salami, yellow sausage, sausages
... Salami, Gelbwurst, Würstchen
... *sa-**la**-mi, **gelb**-voorst, **vewrst**-khen*

... biscuits, chocolate bar, cake
... Kekse, Schokoladenriegel, Kuchen
... ***kek**-se, sho-ko-**la**-den-ree-gel, **koo**-khen*

... pie (fruit), meat
... Pastete (Frucht), Fleisch
... *pas-**tayt**-e (frookht), flysh*

... crisps, pickles, mustard
... Chips, eingelegtes Gemüse, Senf
... *tships, **yn**-ge-leg-tes ge-**mews**-e, senf*

... hot chocolate, soft drink
... Heisse Schokolade, alkoholfreies Getränk
... ***hys**-e sho-ko-**lad**-e, al-ko-**hoal**-fry-es ge-**trenk***

IN THE RESTAURANT

Have you a table for ...
Haben Sie einen Tisch für ...
ha-ben zee y-nen tish fewr ...

... a quiet table ...
... Ein ruhiger Tisch ...
... yn roo-i-ger tish ...

... in a non-smoking area ...
... Im Nichtraucherbereich ...
... im nikht-rowkh-er-be-rykh ...

... a table near the window ...
... Ein Tisch am Fenster ...
... yn tish am fens-ter ...

... one on the terrace
... Einer auf der Terrasse
... y-ner owf der ter-ras-e

We are in a hurry
Wir sind in Eile
veer sind in yl-e

Please bring me the menu
Können Sie uns bitte die speisekarte bringen
koen-en zee oons bit-e dee shpys-e-kart-e bring-en

MENUS

Fixed price (tourist) menu
Menü
*me-**new***

Dish of the day
Tagesgericht
*ta-ges-ge-**rikht***

Speciality of the house
Spezialität des Hauses
*shpe-tsya-li-**tet** des **how**-ses*

Local speciality
Regionale Spezialität
*re-gyo-**nal**-e shpe-tsya-li-**tet***

cold (hot) dishes
Kalte (Heisse) Gerichte
***kalt**-e (**hys**-e) ge-**rikht**-e*

choice of vegetables
Gemüseauswahl
*ge-**mews**-e-ows-val*

meat dishes ...
Fleischgerichte ...
***flysh**-ge-rikht-e ...*

MENUS

... accompanied by vegetables
... werden mit Gemüsebeilage serviert
*... **ver**-den mit ge-**mews**-e-by-lag-e ser-**veert***

vegetables (fruit) in season
Gemüse (Früchte) der Saison
*ge-**mews**-e (**frewkht**-e) der say-**soa***

Waiting time 20 minutes
Zwanzig Minuten Wartezeit
***tsvan**-tsig mi-**noo**-ten **var**-te-tsyt*

Supplementary charge
Zusätzliche Gebühr
tsoo**-sets-likh-e ge-**bewr

(First), second, third course
(Erster), zweiter, dritter Gang
***ayr**-ster, **tsvy**-ter, **dri**-ter gang*

Usually tips should be about
10 percent, but you can vary what you
give according to your satisfaction
with the service / food.

MENUS

There are many different sorts of bread in Germany. All of them have quite a firm texture and a crispy crust. The most popular are Vollkornbrot (a dark wholegrain bread), Roggenbrot (rye bread), Weizenbrot (light wheat bread) and Mischbrot (a mixture of rye and wheat).
In some areas of Germany you can also get Kartoffelbrot (potato bread) and Buttermilchbrot (buttermilk bread): both are very tasty!

Bread / cover charge included
Brot / sämtliche Gebühren miteinbegriffen
*brot / **semt**-likh-e ge-**bewr**-en mit-**yn**-be-**grif**-en*

Cold sandwich, bread rolls
Belegtes Brot, Brötchen
*be-**layg**-tes brot, **broet**-khen*

Service (VAT) included
Bedienung (Mehrwertsteuer) miteinbegriffen
*be-**dee**-noong (**mer**-vert-**stoy**-er) mit-**yn**-be-gri-fen*

MENUS

Please can we have ...
Bitte können wir ... haben
*bit-e **koen**-en veer ... **ha**-ben*

Can you tell us ...
Können Sie uns sagen ...
***koen**-en zee oons **sa**-gen ...*

What is this?
Was ist das?
vas ist das

The bill, please
Die Rechnung, bitte
*dee **rekh**-noong, **bit**-e*

That was a good meal
Das was eine gute Mahlzeit
*das var **yn**-e **goot**-e **mal**-tsyt*

Can I pay by ...
Kann ich mit ... zahlen?
*kan ikh mit ... **tsa**-len*

... Eurocheques, travellers' cheques
... Euroschecks, Reiseschecks
*... **oy**-ro-sheks, **ry**-se-sheks*

WAYS OF COOKING

am Spieß gegrillt, frittiert
*am shpees ge-**grilt**, fri-**teert***
spit roasted, deep fried

gebacken, (in der Pfanne) gebraten
*ge-**bak**-en, (in der pfan-e) ge-**bra**-ten*
baked, fried

gefüllt, gegrillt, gekocht
*ge-**fewlt**, ge-**grilt**, ge-**kokht***
stuffed, grilled or barbecued, boiled

geräuchert, geröstet / (im Ofen) gebraten
*ge-**roy**-khert, ge-**roes**-tet / (im **oa**-fen) ge-**bra**-ten*
smoked, roasted

geschmort, im Dampfkochtopf gekocht
*ge-**shmoart**, im **dampf**-kokh-topf ge-**kokht***
braised or stewed, steamed

mariniert, pochiert, überbacken
*ma-ri-**neert**, po-**sheert**, ew-ber-**bak**-en*
marinated, poached, casseroled

roh, mittel, gut durchgebraten
*roa, **mit**-el, gut **durkh**-ge-bra-ten*
underdone (rare), medium, well done

SOUPS AND APPETISERS

Bohnensuppe, Erbsensuppe, Fischsuppe
boa-nen-soop-e, erbs-en-soop-e, fish-soop-e
bean soup, pea soup, fish soup

Hühnersuppe, Linsensuppe, Pilzsuppe
hew-ner-soop-e, lin-sensoop-e, pilts-soop-e
chicken soup, lentil soup, mushroom soup

Tomatensuppe, Zwiebelsuppe
to-ma-ten-soop-e, tsvee-bel-soop-e
tomato soup, onion soup

Eierstich
y-er-shtikh
broth with beaten egg

Fleischbrühe, Hühnerbrühe
flysh-brew-h-e, hew-ner-bryew-h-e
broth of meat, chicken broth

Gemüsecremesuppe
ge-mews-e-krem-soop-e
soup of pulped vegetables

Grießknödelsuppe
grees-knoe-del-soop-e
Beef broth with semolina dumplings

SOUPS AND APPETISERS

Gulaschsuppe
goulash-soop-e
spicy beef broth with peppers and meat

Hochzeitssuppe
hokh-tsyts-soop-e
Beef broth, meat-dumplings and vegetables

Brathering / Rollmops
brat-hay-ring / rol-mops
Fried / marinated herring with onions

Gemischte Vorspeisen
ge-misht-e for-shpy-sen
mixed hors d'oeuvres

(Gemischter) grüner Salat
(ge-mish-ter) grew-ner sa-lat
(mixed) green salad

Hartgekochte (Florentiner) Eier in Senfsoße
hart-ge-kokht-e y-er in senf-sos-e
hard-boiled eggs in mustard sauce

Krabbencocktail
krab-en-kok-tayl
shrimps in a mayonaise dressing

DUMPLINGS, PASTA AND RICE

Bayerische Griessknödl
***bay**-rish-e **grees**-knoedl*
semolina dumplings with shallots and parsley

Lasagne
*la-**san**-ye*
baked pasta with minced meat, herbs, cheese

Maultaschen
***mowl**-tash-en*
pasta filled with meat, spinach and cheese

mit Eiernudeln
*mit **y**-er-**noo**-deln*
with egg-noodles

Reisauflauf
***rys**-owf-lowf*
baked rice with vegetables and minced meat

Reisklösse
***rys**-kloes-e*
small veal or chicken and rice dumplings

Spaghetti Bolognese
*spa-**ge**-ti bo-lon-**yays**-e*
pasta with meat and tomato sauce

FISH AND SEAFOOD

Forelle blau
*fo-**rel**-e blow*
trout, served with lemon slices and potatoes

Geräucherte Flunder
*ge-**roy**-khert-e **floon**-der*
smoked flounder

Grüner Aal
***grew**-ner al*
eel cooked in a rich parsley and dill sauce

Kabeljau
***ka**-bel-yow*
cod

Matjes
***mat**-yes*
young, salted herring

Muscheln
***moosh**-eln*
clams

Thunfisch, Tintenfisch
***toon**-fish, **tin**-ten-fish*
tuna, squid

MEAT, POULTRY AND GAME

Blutwurst
bloot-voorst
blood sausage (similar to black pudding)

Bratwürste und Sauerkraut
brat-vewrst-e oont sow-er-krowt
fried pork sausages and pickled cabbage

Fleischeintopf / Geflügeleintopf
flysh-yn-topf / ge-flew-gel-yn-topf
meat / poultry stew

Jägerschnitzel
yay-ger-shnits-el
pork cutlet with pepper and mushroom sauce

Leber Berliner Art
lay-ber ber-leen-er art
calves' liver fried with onions and apples

Leberkäse (Bavaria)
lay-ber-kes-e
processed meat, baked and served with rolls

Leberwurst
lay-ber-voorst
liver sausage

MEAT, POULTRY AND GAME

Pichelsteiner Eintopf
pi-khel-shty-ner yn-topf
stew with mutton, potatoes and vegetables

Rehrücken
ray-rewk-en
loin of venison, marinated and roasted

Schweinebraten mit ...
shvyn-e-bra-ten mit ...
roast pork with ...

Schweinshaxe mit Blaukraut und ...
shvyns-haks-e mit blow-krowt oont ...
pig's trotter with beetroot and ...

Kartoffelknödel / Semmelknödel
kar-tof-el-knoe-del / sem-el-knoe-del
potato dumplings / bread dumplings

Schmorbraten
shmoar-bra-ten
pot roast

Spanferkel
shpan-fer-kel
roast sucking pig

MEAT, POULTRY AND GAME

Tafelspitz mit Meerrettichsoße (= Kren)
*ta-fel-shpits mit **mer**-ret-ikh-**sos**-e*
boiled beef with kren (horseradish sauce)

Wiener Schnitzel
***vee**-ner **shnit**-sel*
breaded and fried veal cutlet, served with chips and greens

Wiener Würstchen mit Kartoffelpürree
vee**-ner **vewrst**-khen mit kar-**tof**-el-pewr-**e
pork sausages with mashed potato

Weißwurst mit Breze und Senf (Bavaria)
***vys**-voorst mit **brets**-e oont senf*
cooked white veal sausage with a soft pretzel and mustard

Wildschwein, Truthan, Rebhuhn, Taube, Huhn
***vild**-shvyn, **troot**-han, **rayb**-hoon, **towb**-e, hoon*
wild boar, turkey, partridge, pigeon, chicken

Wurst
voorst
sausage

VEGETABLES, SALAD, AND HERBS

Artischocken, Aubergine, Austernpilze
*ar-ti-**shok**-en, oa-ber-**sheen**-e, **ow**-stern-**pilts**-e*
artichokes, aubergine, boletus mushrooms

Basilikum, Blaukraut, Blumenkohl
*ba-**seel**-i-koom, **blow**-krowt, **bloo**-men-koal*
basil, beetroot, cauliflower

Chicoré, Cornichon
***tshi**-kor-ay, **kor**-nee-shoa*
chicory, gherkins

Endiviensalat, Erbsen
*en-**dee**-fi-en-sa-**lat**, **ayrb**-sen*
bitter curly green (endive) lettuce, peas

Fenchel, (gemischtes) Gemüse
***fen**-khel, (ge-**mish**-tes) ge-**mews**-e*
fennel, (mixed) vegetables

Grünebohnen, Langebohnen, Schnittbohnen
***grew**-ne boa-nen, **lan**-ge boa-nen, **shnit**-boa-nen*
haricot beans, French beans, broad beans

Grünkohl, Gurke
***grewn**-koal, **goork**-e*
green cabbage, cucumber

VEGETABLES, SALAD, AND HERBS

Ingwer, Kartoffeln
ing-ver, kar-tof-eln
ginger, potatoes

Kerbel, Kohl
ker-bel, koal
chervil, cabbage

Kichererbsen, Knoblauch
ki-kher-erb-sen, knob-lowkh
chickpeas, garlic

Kumin, Kürbis
koo-meen, kewr-bis
cumin, pumpkin

Lauch, Linsen
lowkh, lin-sen
leeks, lentils

Lollo Rosso, Lorbeer
lol-o ros-o, lor-bayr
bitter red lettuce, bayleaf

Mais, Maroni
mys, ma-roa-ni
sweetcorn, roasted chestnuts

VEGETABLES, SALAD, AND HERBS

Majoran, Minze
ma-jo-ran, *mints*-e
marjoram, mint

Muskatnuß, Nuß
moos-kat-noos, noos
nutmeg, nut

Oliven, Oregano, Petersilie
oa-*leef*-en, or-*e*-gan-o, pay-ter-*see*-li-e
olives, oregano, parsley

Pfeffer (schwarz, weiß, grün)
pfef-er (shvarts, vys, grewn)
peppercorns (black, white, green)

Pommes frites, Radieschen
pom-*frits*, ra-*dees*-khen
chips, radishes

Rettich, Rosmarin
ret-ikh, *ros*-mar-in
radish, rosemary

Salbei, Safran, Schnittlauch
sal-by, *saf*-ran, *shnit*-lowkh
sage, saffron, chives

VEGETABLES, SALAD, AND HERBS

Schalotte, Sellerie
*sha-**lot**-e, **sel**-er-ee*
shallot, celery

Spargel, Spinat
shpar**-gel, shpee-**nat
asparagus, spinach

Thymian, Tomaten
***tew**-mi-an, to-**ma**-ten*
thyme, tomatoes

Trüffel, Zimt
***trewf**-el, tsimt*
truffles, cinnamon

Zwiebeln, Zucchini
***tsvee**-beln, tsoo-**kheen**-i*
onions, courgettes

ohne Nüsse, Salz, Olivenöl zubereitet
***oan**-e **news**-e, salts, o-**leef**-en-oel **tsoo**-be-ry-tet*
cooked without nuts, salt, olive oil

with capers, cloves, garlic, caraway seeds
*mit **ka**-pern, **nel**-ken, **knob**-lowkh, **kewm**-el*
mit Kapern, Nelken, Knoblauch, Kümmel

DESSERTS, CHEESE AND FRUIT

Ananas, Apfel, Apfelkompott
an**-an-as, **ap**-fel, **ap**-fel-kom-**pot
pineapple, apple, apple compote

Apfelkuchen, Apfelsine, Aprikose
***ap**-fel-**koo**-khen, apf-el-**seen**-e, a-pri-**koas**-e*
apple tart, orange, apricot

Backsteinkäse
***bak**-shtyn-kays-e*
Bavarian full-cream cows' milk cheese

Bananenwasser
*ba-**na**-nen-was-er*
bananas sieved and mixed with rum

Bergkäse
***berg**-kays-e*
'Mountain cheese'; Austrian hard cheese

Bienenstich
***bee**-nen-shtikh*
honey almond cake with buttercream

Birne, Biskuitgebäck, Blaubeere
***birn**-e, bis-**kvit**-ge-bek, **blow**-bayr-e*
pear, sponge cake, bilberry / blueberry

DESSERTS, CHEESE AND FRUIT

Bratapfel, Brombeere
brat-ap-fel, *brom-bayr-e*
baked apple, blackberry

Buchteln
bukh-teln
rich yeast bun with jam filling

Butterkäse
but-er-kays-e
Austrian unsalted, full-cream soft cheese

Butterkringel
but-er-kring-el
'butter squiggles'; very light butter biscuits

-creme
-kraym
cream / mousse

Edamer
ay-dam-er
Austrian cheese, like Dutch Edam

Edelpilzkäse
ay-del-pilts-kays-e
Austrian full-cream soft cheese

DESSERTS, CHEESE AND FRUIT

Emmenthaler Käse (Bavaria)
*em-en-ta-ler **kays**-e*
firm, slightly sweet cheese

Erdbeeren, Eiskrem, Fruchtspeise
***ayrd**-bay-ren, **ys**-kraym, **frukht**-shpys-e*
strawberries, ice cream, mixed fruit jelly

gebrannte Mandeln
*ge-**brant**-e **man**-deln*
hot roasted and sugar-coated almonds

Götterspeise
***goet**-er-shpys-e*
Chantilly cream, chocolate and pumpernickel

Gouda
***gow**-da*
a rich, firm, hearty cheese

Gorgonzola
*gor-gon-**tso**-la*
rich, tangy, blue-veined cheese

Gugelhupf, Guglhupf (Austria)
***goo**-gel-hoopf*
traditional Austrian yeast cake

DESSERTS, CHEESE AND FRUIT

Hefekranz, Himbeeren
hay-fe-krants, him-bay-ren
ring-shaped coffee cake, raspberries

Johannisbeeren, Jorbkäse
jo-han-is-bay-ren, jorb-kays-e
blackcurrants, sour milk cheese

Kaiserschmarren (Austria)
ky-ser-shma-ren
a rich, thick omelette with sugar and raisins

Karamelcreme
ka-ra-mel-kraym
cream caramel

Käsekuchen
kes-e-koo-khen
a cake with curd cheese and raisins

Kirschen
kir-shen
cherries

Lebkuchen
layb-koo-khen
soft gingerbread coated in chocolate or sugar

DESSERTS, CHEESE AND FRUIT

Linzer Torte (Austria)
lints-er toart-e
a rich almond and raspberry jam tart

Makrone
ma-kroan-e
macaroon

Marillenknödel (Austria)
ma-ril en knoe del
potato dumplings filled with apricots

Marmorkuchen
mar-mor-koo-khen
marble cake

Milchrahmstrudel
milkh-ram-shtroo-del
a sour cream, egg and sultana-filled strudel

Milchreis, Mirabellen
milkh-rys, mir-ah-behl-en
rice pudding, small yellow plums

Mischlingskäse (Austria)
mish-lings-kays-e
a sharp, hard cheese

DESSERTS, CHEESE AND FRUIT

Mohrenkopf
moa-ren-kopf
chocolate meringue, filled with whipped cream

Napfkuchen
napf-koo-khen
a ring-shaped fruit cake

Obstsalat
obst-sa-lat
fruit cocktail

Palatschinken (Austria)
pa-la-tshin-ken
pancakes, often with a sweet filling

Pfirsich-bowle
pfeer-sikh-boal-e
peaches in brandy, wine and club soda

Pflaume, Pflaumenkuchen
pflowm-e, pflow-men-kookh-en
plum, plum tart

Preiselbeere
pry-sel-bayr-e
cranberry

DESSERTS, CHEESE AND FRUIT

Quargel, Quargelkäse (Austria)
kvar-gel, kvar-gel-kays-e
a sharp, sour milk cheese

Sahne, Schlagsahne
san-e, shlag-san-e
cream, whipped cream

Sachertorte
sa-kher-tort-e
chocolate cake with apricot jam, chocolate

Schafskäse
shafs-kays-e
a hard cheese made from sheeps' milk

Schiffchen
shif-khen
small pastry boats with various fillings

Schokoladentorte
sho-ko-la-den-tort-e
chocolate cake

Schwarzwälder Kirschtorte
shvarts-vel-der kirsh-tort-e
chocolate cake with cream, cherries, brandy

DESSERTS, CHEESE AND FRUIT

Spekulatius
*shpe-koo-**lats**-y-oos*
almond biscuits

Stachelbeere
***shtakh**-el-bayr-e*
gooseberry

Streuselkuchen
***shtroy**-sel-**kookh**-en*
crumble cake

Trauben
***trow**-ben*
grapes

Weichseltorte (Austria)
***vy**-ksel-toart-e*
morello cherry tart

Windbeutel
***vind**-boy-tel*
cream puff

Zwetschgendatschi (Bavaria)
***tsvetsh**-gen-**da**-tshi*
plum cake

NIGHTLIFE

We would like to go out tonight
Wir möchten heute abend gerne ausgehen
*veer **moekh**-ten **hoyt**-e **a**-bend **gern**-e **ows**-gay-hen*

We need a babysitter
Wir brauchen einen Babysitter
*veer **brow**-khen **y**-nen **be**-bi-**sit**-er*

We pay DM 15 per hour
Wir zahlen fünfzehn Mark pro Stunde
*veer **tsa**-len **fewnf**-tsayn mark pro **stoon**-de*

Do you like classical music / rock music?
Mögen Sie klassische Musik / Rockmusik?
moe**-gen zee **klas**-ish-e moo-**seek** / **rok**-moo-**seek

Where can we go to dance here?
Wo können wir hier zum Tanzen gehen?
*voa **koen**-en veer heer tsoom **tan**-tsen **gay**-hen*

Can you recommend a restaurant to us?
Können Sie uns ein Restaurant empfehlen?
***koen**-en zee oons yn res-to-**roa** em-**pfay**-len*

Where is the casino?
Wo ist das Spielkasino?
*voa ist das **shpeel**-ka-**see**-no*

NIGHTLIFE

What's on at the (cinema), theatre tonight?
Was läuft heute (im Kino), im Theater?
*vas loyft **hoyt**-e (im **ki**-no), im te-**a**-ter*

... ballet, concert, discothèque
... das Ballett, das Konzert, die Diskothek
*... das ba-**let**, das kon-**tsert**, dee dis-ko-**tek***

... nightclub, opera, operetta
... der Nachtklub, die Oper, die Operette
*der **nakht**-kloob, dee **oa**-per, dee oa-per-**et**-e*

Are there any films in English?
Gibt es Filme in englisches Sprache?
*gipt es **film**-e in **eng**-lish-er **shprakh**-e*

What sort of play is it?
Was für ein stück ist es?
vas fewr yn shtewk ist es

At what time does it start?
Um wieviel Uhr fängt es an?
*oom **vee**-feel oor fenkt es an*

How long does the performance last?
Wie lange dauert die Aufführung?
*vee **lang**-e dowert dee owf-**few**-roong*

NIGHTLIFE

How much are the seats?
Wieviel kosten die Plätze?
*vee-feel **kos**-ten dee **plet**-se*

Is there a floor show?
Gibt es eine Vorstellung?
*gipt es **yn**-e **for**-shtel-oong*

Two tickets please
Zwei Karten bitte
*tsvy **kar**-ten **bit**-e*

Are there any childrens' seats?
Gibt es Kindersitze?
*gipt es **kin**-der-**sits**-e*

Is there a group reduction?
Gibt es Ermäßigungen für Gruppen?
*gipt es er-**may**-si-goong-en fewr **groop**-en*

I'd like a programme, please
Ich hätte gerne ein Programm, bitte
*ikh **het**-e **gern**-e yn pro-**gram**, **bit**-e*

Where's the cloakroom?
Wo ist die Garderobe?
*voa ist dee gar-de-**roab**-e*

SMOKERS' NEEDS

Do you mind if I smoke?
Stört es Sie, wenn ich rauche?
*stoert es zee, ven ikh **row**-khe*

Do you sell American cigarettes...?
Verkaufen Sie amerikanische Zigaretten...?
*fer-**kow**-fen zee a-mer-i-**ka**-nish-e tsi-ga-**ret**-en*

... cigars, pipe tobacco
... Zigarren, Pfeifentabak
*... tsi-**gar**-en, **pfy**-fen-ta-**bak***

I'd like (a packet) of ... cigarettes
Ich hätte gerne (ein Päckchen) ... zigaretten
*ikh **het**-e **gern**-e (yn **pek**-khen) ... tsi-ga-**ret**-en*

... filter-tipped, without filters ...
... Filter, ohne Filter ...
*... **fil**-ter, **oan**-e **fil**-ter ...*

... mild, strong ...
... mild, stark ...
... mild, shtark ...

... menthol, king-sized ...
... mit Menthol, Überlänge ...
*... mit men-**toal**, **ew**-ber-leng-e ...*

SMOKERS' NEEDS

... matches, lighter fluid
... Streichhölzer, Feuerzeugbenzin
... *shtrykh-hoel-tser*, *foy-er-tsoyg-ben-tsin*

... gas refill ...
... eine Nachfüllpackung gas ...
... *yn-e nakh-fewl-pak-oong gas* ...

... for this lighter
... für dieses Feuerzeug
... *fewr dee-ses foy-er-tsoyg*

Some pipe cleaners please
Ein paar pfeifenreiniger bitte
yn par pfy-fen-ry-nig-er bit-e

... rolling tobacco
... Tabak zum Selberdrehen
... *ta-bak tsoom sel-ber-dray-hen*

RAUCHEN VERBOTEN!
row-khen fer-boa-ten

NO SMOKING

BEACHES

Where are the best beaches?
Wo sind die besten Strände?
*voa sind dee **bes**-ten **stren**-de*

Is there a quiet beach near here?
Gibt es einen ruhigen Strand in der Nähe?
*gipt es **y**-nen **roo**-h-igen strand in der **nay**-h-e*

Is it safe? Is it deep?
Ist es sicher? Ist es tief?
*ist es **si**-kher? ist es teef*

Are there showers? Is there a lifeguard?
Gibt es Duschen? Gibt es einen Bademeister?
*gipt es **doo**-shen? gipt es **y**-nen **ba**-de-**mys**-ter*

There are some big waves
Es gibt einige hohe Wellen
*es gipt **y**-nig-e **hoa**-he **vel**-en*

Can we water-ski here?
Können wir hier Wasserski fahren?
***koen**-en veer heer **vas**-er-shi **fa**-ren*

We want to go fishing
Wir möchten angeln gehen
*veer **moekh**-ten **an**-geln **gay**-hen*

BEACHES

Can I hire a ... (boat) ...?
Kann ich ... (ein Boot) ... mieten?
*kan ikh ... (yn boat) ... **mee**-ten?*

... for diving, surfing, swimming
... zum Tauchen, Surfen, Schwimmen
*... tsoom **tow**-khen, **soer**-fen, **shvi**-men*

... deckchair, sunshade ...
... ein Liegestuhl, ein Sonnenschirm ...
*... yn **lee**-ge-shtool, yn **son**-en-shirm ...*

What is the hourly (daily) rate?
Wieviel kostet es stündlich (täglich)?
***vee**-feel **kos**-tet es **stewnd**-likh (**teg**-likh)*

(BATHING) DIVING PROHIBITED
(Baden) Tauchen verboten!

DANGER: STRONG CURRENT
Gefahr! Starke Strömung

PRIVATE BEACH
Privater Strand

WATER SPORTS

Is there a swimming pool near here?
Gibt es ein Schwimmbad in der Nähe?
*gipt es yn **shvim**-bad in der **nay**-he*

Is it open-air, indoor, heated?
Ist es ein Freibad, ein Hallenbad, beheizt?
*ist es yn **fry**-bad, yn **hal**-en-bad, be-**hytst***

Can one swim in the river, (lake), sea?
Kann man im Fluß, (See), Meer schwimmen?
*kan man im floos, (say), mer **shvim**-en*

Are there any dangerous currents?
Gibt es gefährliche Strömungen?
*gipt es ge-**fayr**-likh-e **shtroe**-moong-en*

At what time is high (low) tide?
Wann kommt die Flut (Ebbe)?
*van komt dee floot (**eb**-e)*

I'd like to hire (a cabin) ...
Ich möchte gerne (eine Kabine) mieten ...
*ikh **moekht**-e **gern**-e (**yn**-e ka-**been**-e) **mee**-ten ...*

... motor, (sailing) boat, surfboard, water skis
... Motor, (Segel)boot, Surfboot, Wasserski
***moa**-tor, (**say**-gel)-boat, **soerf**-boat, **vas**-er-shee*

Playing sports

Where's the nearest (tennis court) ...?
Wo ist der nächste (Tennisplatz) ...?
*voa ist der **nek**-ste (**te**-nis-plats) ...*

... golf course, (place to go swimming), fishing
... Golfplatz, (Badeplatz), Angelstelle
*... **golf**-plats, (**ba**-day-plats), **an**-gel-stel-e*

What's the cost ...
Wieviel kostet es ...
***vee**-feel **kos**-tet es ...*

... per hour, per round, per day
... pro Stunde, pro Runde, pro Tag
*... proa **stoon**-de, proa **roond**-e, proa tag*

Is there any good fishing here?
Gibt es hier einen guten Angelplatz?
*gipt es heer **y**-nen **goo**-ten **ang**-el-plats*

Do I need a permit?
Brauche ich eine Erlaubnis / eine Lizenz?
browkh** e ikh **yn**-e er-**lowb**-nis / **yn**-e li-**tsents

Where can I get one?
Wo kann ich eine bekommen?
*voa kan ikh **yn**-e be-**kom**-en*

WATCHING SPORTS

Can I hire (a racket / clubs), rods?
Kann ich (einen Schläger), Angeln ausleihen?
*kan ikh (**yn**-en **shlay**-ger), **an**-geln **ows**-ly-hen*

Where's the race track (stadium) for ...?
Wo ist die Rennbahn (das Stadion) für ...?
*voa ist dee ren-ban (das **shta**-di-oom) fewr ...*

... car racing, cycling, horse racing
... Autorennen, Radrennen, Pferderennen
... ***ow**-to-**ren**-en, **rad**-ren-en, **pferd**-e-ren-en*

... soccer, rugby
... Fußball, Rugby
... ***foos**-bal, **rag**-bi*

... basketball, volleyball
... Basketball, Volleyball
... ***bas**-ket-bal, **vol**-i-bal*

... riding, clay-pigeon shooting
... Reiten, Tontaubenschießen
... ***ry**-ten, **ton**-tow-ben-**shee**-sen*

... sport lessons
... Sportstunden / Sportunterricht
... ***sport**-stoon-den / **Sport**-oon-ter-**ikht***

WATCHING SPORTS

How big is the gym / spa?
Wie groß ist die Turnhalle / Therme?
*vee gros ist dee **toorn**-hal-e / **tayrm**-e*

I'd like to see a football match
Ich würde gerne ein Fußballspielsehen
*ikh **vewrd**-e **gern**-e yn **foos**-bal-shpeel **say**-hen*

Which teams are playing?
Welche Mannschaften spielen?
***vel**-khe **man**-shaf-ten **shpee**-len*

What's the entrance fee?
Wieviel kostet der Eintritt?
***vee**-feel **kos**-tet der **yn**-trit*

Can you get me a ticket?
Können Sie mir eine Karte beschaffen?
***koe**-nen zee mir **yn**-e **kart**-e be-**shaf**-en*

Are there still any seats in the grandstand?
Gibt es noch Plätze im Stadium?
*gipt es nokh **plets**-e im **sta**-di-oom*

Are the seats (in the sun) in the shade?
Gibt es Plätze (in der Sonne) im Schatten?
*gipt es **plet**-se (in der **son**-e) im **shat**-en*

WINTER SPORTS

Where's the nearest skating rink?
Wo ist das nächste Eisstadion?
*voa ist das **nekst**-e **ys**-shta-dee-on*

Are there some ski runs for ...
Gibt es Skirennen für ...
*gipt es **shee**-ren-en fewr ...*

... beginners, average ...
... Anfänger, durchschnittlich ...
*... **an**-feng-er, **doorkh**-shnit-likh ...*

... (good) skiers?
... (gute) Skifahrer?
*... (**goot**-e) **shee**-fa-rer*

Are there any ski lifts?
Gibt es Skilifte?
*gipt es **shee**-lift-e*

When does the ski shop open?
Wann öffnet der Ski-Laden?
*van **oef**-net der **shee**-la-den*

My bindings are too loose
Meine Bindungen sind zu lose
***myn**-e **bin**-doong-en sind tsoo **loas**-e*

WINTER SPORTS

Can I hire some (poles) ...?
Kann ich (Skistöcke) ausleihen ...?
*kan ikh (**shee**-stoek-e) **ows**-ly-hen ...*

... skates, skis, ski boots
... Schlittschuhe, Ski, Skistiefel
*... **shlit**-shoo-h-e, shee, **shee**-stee-fel*

... skiing equipment
... Skiausrüstung
*... **shee**-ows-**rews**-toong*

Can I take lessons here?
Kann ich hier Stunden nehmen?
*kan ikh heer **shtoon**-den **nay**-men*

Where is the most difficult run?
Wo ist die schwarze Piste?
*voa ist dee **shvart**-se **pist**-e*

At what time can we ski?
Um wieviel Uhr können wir Skilaufen?
*oom **vee**-feel oor **koen**-en veer **shee**-lowf-en*

LAWINENGEFAHR!
*la-**vee**-nen-ge-**far***
Risk of Avalanches!

BEERS

I'd like a beer, please
Ich hätte gerne ein Bier, bitte
*ikh **het**-e **gern**-e yn beer, **bit**-e*

I'd like a local beer
Ich hätte gerne ein Bier aus der Region
*ikh **het**-e **gern**-e yn beer ows der ray-**gyon***

Do you have ... beer?
Haben Sie ... Bier?
***ha**-ben zee ... beer*

... imported, draught, light, dark
... importiert, vom Faß, hell, dunkel
*... im-por-**teert**, fom fas, hel, **doon**-kel*

Alsterwasser / Radler
beer with lemonade
***al**-ster-**vas**-er / **rad**-ler*

Are there any local specialities?
Gibt es irgendwelche regionalen Spezialitäten?
*gipt es **ir**-gend-velkh-e ray-gyo-**na**-len shpe-tsya-lee-**tay**-ten*

BEERS, WINES AND SPIRITS

Please bring me the wine list
Bitte bringen Sie mir die Weinkarte
*bit-e **bring**-en zee mir dee **vyn**-kart-e*

I'd like to try a glass of ...
Ich möchte gerne ein Glas ... probieren
*ikh **moekht**-e **gern**-e yn glas ... proa-**beer**-en*

I'd like a (half) bottle of ...
Ich hätte gerne eine (halbe) Flasche ...
*ikh **het**-e **gern**-e **yn**-e (**halb**-e) **flash**-e ...*

... 'house wine' or 'open wine'
... 'Hauswein' oder 'Offener Wein'
*... '**hows**-vyn' **o**-der '**of**-en-er vyn'*

... red, white, rosé
... Rot, Weiß, Rosé
*... rot, vys, ros-**ay***

... dry, sweet, sparkling
... trocken, süß, mit Kohlensäure versetzt
*... **trok**-en, sews, mit **koa**-len-soyr-e fer-**setst***

glass, bottle, double
Glas, Flasche, ein Doppelter
*glas, **flash**-e, yn **dop**-el-ter*

214

BEERS, WINES AND SPIRITS

Doppelbock
dop-el-bok
very strong, dark and rather sweet beer

Glühwein
glew-vyn
hot red wine, orange juice and spices

Hefeweizen
hay-fe-vy-tsen
light yeasty beer

Jägerwein
jay-ger-vyn
hot red wine with spices and rum

Korn (to be consumed very cold)
korn
clear grain schnapps

Kognak
kon-yak
spirit distilled from grape pressings

Kölsch
koelsh
light beer, a speciality of Cologne

BEERS, WINES AND SPIRITS

Magenbitter (various flavourings)
ma-gen-bit-er
alcoholic bitters

Schnaps
shnaps
highly alcoholic clear fruit or grain liquor

Wermut
ver-moot
vermouth

Whisky
whis-kee
whisky

neat, with ice, with lemon
pur, mit Eis, mit Zitrone
poor, mit ys, mit tsi-troan-e

with mineral water
mit Mineralwasser
mit mi-ner-al-vas-er

alcohol-free, low-alcohol
alkoholfrei, alkoholarm
al-ko-hoal-fry, al-ko-hoal-arm

OTHER DRINKS

Apfelsaft
apf-el-saft
apple juice

Apfelwein
apf-el-vyn
cider

Bananenmilch
ba-na-nen-milkh
banana milkshake

Bier
beer
beer

Bierflasche
beer-flash-e
beer bottle

Bowle
boal-e
punch

Cola
koa-la
coke

Dosenbier
doa-sen-beer
can of beer

Eiskaffee
ys-kaf-e
iced coffee

Getränk
ge-trenk
drink

Kaffee
ka-fay
coffee

...entkoffeinierter
ent-kof-ay-i-neert-er
decaffeinated

Limonade
lee-mo-nad-e
lemonade

Milch
milkh
milk

OTHER DRINKS

Milchshake
milkh-shayk
milkshake

Mineralwasser
mi-ner-al-vas-er
mineral water

Orangensaft
oa-ran-shen-saft
orange juice

Pharisäer
fa-ree-zay-er
coffee, rum and cream

Rotwein
rot-vyn
red wine

Rum
room
rum

Saft
saft
juice

Sekt
sekt
champagne-type wine

Heiße Schokolade
hys-e sho-ko-lad-e
hot chocolate

Tee mit Zitrone
tay mit tsee-troan-e
tea with lemon

Tee mit milch
tay mit milkh
tea with milk

Tonic Wasser
toa-nik vas-er
tonic water

Weinbrand
vyn-brand
brandy

Weisswein
vys-vyn
white wine

THE WEATHER

The weather is (nice), bad
Das Wetter ist (schön), schlecht
*das **vet**-er ist (shoen), shlekht*

Is it going to get any warmer?
Wird es wärmer werden?
*vird es **vayr**-mer **ver**-den*

Is it going to stay like this?
Wird es so bleiben?
*vird es so **bly**-ben*

It is far (too hot) ...
Es ist viel (zu heiß) ...
es ist feel (tsoo hys) ...

... too cold
... zu kalt
... tsoo kalt

foggy, rainy, windy
neblig, regnerisch, windig
***nay**-blig, **rayg**-ner-ish, **vin**-dig*

What is the temperature?
Welche Temperatur haben wir?
***velkh**-e tem-per-a-**toor ha**-ben veer*

GOING TO CHURCH

I would like to see (a priest)
Ich möchte (einen Priester) sehen
*ikh **moekht**-e (**yn**-en **pree**-ster) **say**-hen*

... a minister
... einen Pfarrer
... *yn-en **pfa**-rer*

... a rabbi
... einen Rabbi
... *yn-en **rab**-i*

Where is the (Catholic church)?
Wo ist die (katholische Kirche)?
*voa ist dee (ka-**toa**-lish-e **kirkh**-e)*

... Baptist church
... Baptistenkirche
... *bap-**tis**-ten-**kirkh**-e*

... mosque, synagogue
... Moschee, Synagoge
... *mo-**shay**, zew-na-**goag**-e*

... Protestant church
... protestantische Kirche
... *pro-tes-**tan**-tish-e **kirkh**-e*

Shopping

Where can I buy ...?
Wo kann ich ... kaufen?
voa kan ikh ... ***kow****-fen*

... clothes
... Kleider
... ***kly****-der*

... cassette tapes and compact discs
... Kassetten und CDs
... *ka-**set**-en oont tsay-**days***

... camcorder-tapes
... Videokamerakassetten
... ***vee****-day-o-**kam**-er-a-ka-**set**-en*

Where can I get my ...?
Wo kann ich meine ... lassen?
*voa kan ikh **myn**-e ... **las**-en*

... camcorder repaired
... Videokamera reparieren
... ***vee****-day-o-**kam**-er-a ray-pa-**ree**-ren*

Where is the children's department?
Wo ist die Kinderabteilung?
*voa ist dee **kin**-der-ab-**ty**-loong*

221

SHOPPING

How much is this?
Was macht das?
vas makht das

Have you got anything cheaper?
Haben Sie etwas Billigeres?
***ha**-ben zee **et**-vas **bil**-ig-er-es*

How much does that cost?
Wieviel kostet das?
***vee**-feel **kos**-tet das*

How much is it (per kilo)?
Wieviel kostet es (pro Kilo)?
***vee**-feel **kos**-tet es (proa **ki**-lo)*

... per metre
... pro Meter
*... proa **may**-ter*

I do not have enough money
Ich habe nicht genug Geld
*ikh **hab**-e nikht ge-**noog** geld*

I (don't) like this one
Das gefällt mir (nicht)
*das ge-**felt** mir (nikht)*

SHOPPING

I will take this one
Ich nehme das
*ikh **naym**-e das*

No, the other one
Nein, das andere
*nyn, das **an**-der-e*

Can I have a carrier bag?
Könnte ich eine Tragetasche haben?
***koent**-e ikh **yn**-e tra-ge-**tash**-e **ha**-ben*

Can you deliver it to my hotel?
Können Sie es zu meinem Hotel liefern?
***koen**-en zee es tsoo **my**-nem ho-**tel lee**-fern*

Will you send it by air freight?
Schicken Sie es per Luftfracht?
shik**-en zee es per luft-**frakht

Please pack it for shipment
Bitte packen Sie es für den Transport ein
***bit**-e **pak**-en zee es fewr den trans-**port** yn*

Please wrap it up for me
Bitte packen Sie es mir ein
***bit**-e **pak**-en zee es mir yn*

BUYING FOOD

Can I please have ...?
Kann ich bitte ... haben?
*kan ikh **bit**-e ... **ha**-ben*

... some sugar
... Zucker ...
*... **tsook**-er ...*

... a kilo of sausages
... ein Kilo Würste ...
*... yn **ki**-lo **vewrst**-e ...*

... a leg of lamb
... eine Lammkeule ...
*... **yn**-e **lam**-koyl-e ...*

... a litre of milk, ground coffee
... einen Liter Milch, gemahlenen Kaffee ...
*... **yn**-en **lee**-ter milkh, ge-**ma**-len-en kaf-**ay** ...*

... two steaks, half a dozen eggs
... zwei Steaks, ein halbes Dutzend Eier ...
*... tsvy stayks, yn **hal**-bes **doots**-ent **y**-er ...*

... a bar of chocolate
... eine Tafel Schokolade ...
*... **yn**-e **ta**-fel sho-ko-**lad**-e ...*

GROCERIES

baby food
Babynahrung
be-bi-na-roong

biscuits
Kekse
keks-e

(a loaf of) bread
(ein Laib) Brot
(yn lyb) brot

butter
Butter
boot-er

cheese
Käse
kays-e

coffee, cream
Kaffee, Sahne
ka-fay, san-e

eggs
Eier
y-er

flour
Mehl
mayl

fruit
Früchte
frewkht-e

groceries
Lebensmittel
lay-bens-mit-el

herbs
Kräuter
kroy-ter

jam
Marmelade
mar-me-lad-e

margarine
Margarine
mar-ga-reen-e

milk
Milch
milkh

GROCERIES

muesli
Müsli
mews-lee

mustard
Senf
senf

oil
Öl
oel

pasta
Nudeln
noo-deln

pepper
Pfeffer
pfef-er

rice
Reis
rys

salt
Salz
salts

soup
Suppe
soop-e

sausage
Wurst
voorst

sugar
Zucker
tsook-er

tea
Tee
tay

vegetables
Gemüse
gay-mews-e

vinegar
Essig
es-ikh

yoghurt
Joghurt
joa-goort

MEAT, POULTRY, AND FISH

bacon
Speck
shpek

beef
Rindfleisch
***rint**-flysh*

carp
Karpfen
***karpf**-en*

chicken
Huhn
hoon

cod
Kabeljau
***kab**-el-jow*

duck
Ente
***ent**-e*

eel
Aal
al

fish
Fisch
fish

hake
Hecht
hekht

ham
Schinken
***shin**-ken*

herring
Hering
***hay**-ring*

kidneys
Nieren
***nee**-ren*

lamb
Lamm
lam

liver
Leber
***layb**-er*

MEAT, POULTRY, AND FISH

lobster
Hummer
hoom-er

meat
Fleisch
flysh

mussels
Muscheln
moo-sheln

oysters
Austern
ow-stern

pork
Schweinefleisch
shvyn-e-flysh

salmon
Lachs
laks

sausage
Wurst
voorst

skate
Rochen
rokh-en

sole
Seezunge
say-tsoong-e

trout
Forelle
fo-rel-e

tuna
Thunfisch
toon-fish

turkey
Truthahn
troot-han

veal
Kalbsfleisch
kalbs-flysh

whitebait
Breitling
bryt-ling

AT THE NEWSAGENT'S

Do you sell (English newspapers)?
Verkaufen Sie (englische Zeitungen)?
*fer-**kow**-fen zee (**eng**-lish-e **tsy**-toong-en)*

English books, paperbacks
englische Bücher, Taschenbücher
***eng**-lish-e **bewkh**-er, **tash**-en-**bewkh**-er*

adhesive tapes, envelopes
Klebstreifen, Briefumschläge
***klayb**-e-**shtry**-fen, **breef**-oom-**shlayg**-e*

coloured pencils, drawing paper
Farbstifte, Zeichenpapier
*farb-**stift**-e, **tsy**-khen-pa-**peer***

felt pens, ink, pencils
Filzschreiber, Tinte, Bleistifte
*filts-**shry**-ber, **tint**-e, **bly**-stift-e*

postcards, postage stamps
Postkarten, Briefmarken
***post**-kar-ten, **breef**-mar-ken*

street maps
Straßenkarten
***stras**-en-kar-ten*

THE SEASONS / FRACTIONS AND PERCENTAGES

THE SEASONS

spring
der Frühling
*der **frew**-ling*

autumn
der Herbst
der herpst

summer
der Sommer
*der **som**-er*

winter
der Winter
*der **vin**-ter*

FRACTIONS AND PERCENTAGES

two-thirds
zwei Drittel
*tsvy **drit**-el*

10%
zehn - Prozent
*tsayn - proa-**tsent***

a half
ein halb
yn halp

25%
fünfundzwanzig - %
***fewnf**-oont-**tsvan**-tsig-%*

a quarter
ein Viertel
*yn **feer**-tel*

50%
fünfzig - %
***fewnf**-tsig -%*

COMMON ADJECTIVES

bad
schlecht
shlekht

beautiful
schön
shoen

better
besser
***bes**-er*

big
groß
gros

cheap
billig
***bil**-ig*

cold
kalt
kalt

expensive
teuer
***toy**-er*

difficult
schwierig
***shvee**-rig*

early
früh
frew

easy
leicht
lykht

empty
leer
layr

far
weit
vyt

fast
schnell
shnel

free
frei
fry

Common adjectives

full
voll
fol

good
gut
goot

heavy
schwer
shver

high
hoch
hokh

hot
heiß
hys

late
spät
shpet

last
letzte (~r, ~s)
***letst**-e (~r, ~s)*

left
links
links

light
hell
hel

little
wonig
***vay**-nig*

long
lang
lang

near
nahe
nah-e

new
neu
noy

next
nächste (~r, ~s)
nekst-e (~r, ~s)

COMMON ADJECTIVES

occupied
besetzt
*be-**setst***

old
alt
alt

open
offen
***of**-en*

quick
schnell
shnel

right
rechts
rekhts

short
kurz
koorts

shut
geschlossen
*ge-**shlos**-en*

slow
langsam
***lang**-sam*

small
klein
klyn

tall
groß
groas

ugly
häßlich
***hes**-likh*

worse
schlimmer
***shlim**-er*

wrong
falsch
falsh

young
jung
joong

Signs and notices

Abfahrt / Abflüge
ap-fart / *ap*-flewg-e
departures

Achtung
akh-toong
caution

Ausgang
ows-gang
exit

Ausverkauf
ows-fer-*kowf*
sale

Besetzt
be-*setst*
engaged

Betreten verboten
be-*tray*-ten fer-*boa*-ten
No trespassing

Bitte klingeln
bit-e *kling*-eln
please ring (the bell)

Damen
da-men
ladies (toilet)

Drücken
drewk-en
push

Durchfahrt verboten
doorkh-fart fcr-*boa*-ten
No throughfare

Eingang
yn-gang
entrance

Eintritt frei
yn-trit fry
no admission charge

Feuermelder
foy-er-*mel*-der
fire alarm

Frei
fry
vacant

Signs and notices

Fundbüro
foont-bew-roa
lost property office

Gras nicht betreten!
gras nikht be-tray-ten
keep off the grass

Gefahr
ge-far
Danger

geschlossen
ge-shlos-en
closed

Gift
gift
poison

heiß / kalt
hys / kalt
hot / cold

Herren
her-en
gentlemen (toilet)

Information
in-for-mat-syon
information

Kasse
kas-e
cashier

Kein Eingang
kyn yn-gang
no entry

Krankenhaus
kran-ken-hows
hospital

Lebensgefahr
lay-bens-ge-far
danger of death

nicht berühren
nikht be-rew-ren
do not touch

Notausgang
not-ows-gang
emergency exit

Signs and notices

Nur für Mitarbeiter
*noor fewr **mit**-ar-by-ter*
employees only

Offen
***of**-en*
open

Reserviert
*re-ser-**veert***
reserved

Rauchen verboten
***row**-khen fer-**boa**-ten*
no smoking

Private Zufahrt
*pree-**vat**-e **tsoo**-fart*
private road

Radweg
***rat**-vayg*
cycle path

Raucherabteil
row**-kher-ap-**tyl
smoking carriage

Sonderangebot
***zon**-der-**an**-ge-boat*
special offer

Telefon
***tay**-le-foan*
telephone

Trinkwasser
***trink**-vas er*
drinking water

Umleitung
oom**-ly-**toong
diversion

Willkommen
*vil-**kom**-en*
welcome

Ziehen
***tsee**-hen*
pull

zu vermieten
*tsoo fer-**mee**-ten*
to let / hire

WHERE TO FIND

Know before you go

Phonetics and pronunciation	4
Days and months	5
Dates	7
Public holidays	9
Be polite!	11
Time	13
Greetings and introductions	16
How much and how to pay	19
Counting your money	22
Making it clear	30
Using the phone	32
Spell it out	36

Travel

At the airport	37
Going by boat	41
Car breakdowns	44
Car terms	47
Road signs	60
Car hire	62
Catching a bus	66
Going by taxi	71
Underground – the U-Bahn	74
Customs and passports	76

WHERE TO FIND

Finding your way	79
Maps and guides	82
Metric equivalents	84
Petrol stations / garages	85
Going by rail	87
Sightseeing	91
Travel agents	97
Trips and excursions	99

Accommodation

Where to stay	102
Your room – booking in	103
Booking in advance	107
Camping	108
Needs and problems in the room	112
Reception / porter / concierge	115
Childcare	117
Room service	119
Self-catering	120
Around the house	122
Checking out	124

Banking and Shopping

Changing money	125
At the chemist's	127
Toiletries	129
Cleaning clothes	132

WHERE TO FIND

Buying clothes	134
Clothes sizes	136
Colours	137
Garments	138
Gifts and souvenirs	142
At the hairdresser's	145
Photography	149
Photographic terms	153
Post it!	156

Emergencies

Accidents and injuries	158
At the dentist's	161
At the doctor's	163
In hospital	167
Parts of the body	168
Loss and theft	171

Food and Entertainment

Eating out – fast food	172
In the restaurant	175
Menus	176
Ways of cooking	180
Soups and appetisers	181
Dumplings, pasta and rice	183
Fish and seafood	184
Meat, poultry and game	185

WHERE TO FIND

Vegetables, salad, and herbs	188
Desserts, fruit and cheese	192
Nightlife	200
Smokers' needs	203
Beaches	205
Water sports	207
Playing sports	208
Watching sports	209
Winter sports	211
Beers	213
Beer, wines and spirits	214
Other drinks	217
The weather	219
Going to church	220
Shopping	221
Buying food	224
Groceries	225
Meat, poultry and fish	227

Further information

At the newsagent's	229
The seasons / Fractions and percentages	230
Common adjectives	231
Signs and notices	234